THE
WAY
JAPANESE
COMPANIES
LIVE

日本企业的活法

徐静波 著

中国出版集团有限公司
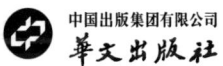
华文出版社

图书在版编目（CIP）数据

日本企业的活法 / 徐静波著. -- 北京：华文出版社，2024.
8. -- ISBN 978-7-5075-6007-7
　　Ⅰ. F279.313.3
　　中国国家版本馆 CIP 数据核字第 2024V4P919 号

日本企业的活法

著　　　者：徐静波
责任编辑：潘　婕
出版发行：华文出版社
社　　　址：北京市西城区广外大街 305 号 8 区 2 号楼
邮政编码：100055
网　　　址：http://www.hwcbs.cn
电　　　话：总　编　室 010-58336239
　　　　　　发　行　部 010-58336238
　　　　　　责任编辑 010-63429159
经　　　销：新华书店
印　　　刷：三河市航远印刷有限公司
开　　　本：880mm×1230mm
印　　　张：11
字　　　数：230 千字
版　　　次：2024 年 8 月第 1 版
印　　　次：2024 年 8 月第 1 次印刷
标准书号：ISBN978-7-5075-6007-7
定　　　价：68.00 元

版权所有，侵权必究

自 序

2024年6月8日，我在东京举行了一场读者见面会，这也是我第一次在日本举行读者见面会，十分感谢大家从日本各个地方赶来，甚至还有到日本是出差、旅行，临时改变行程来参加的朋友。我满心温暖，因为有大家一直以来不离不弃的关爱支持。人生一大幸福，便是拥有一群知己。

见面会上，我做了一场讲演，题目是"我们该如何看待日本经济"。

中国有一句老话，叫"三十年河东，三十年河西"。这句话最早出自清代吴敬梓的《儒林外史》第四十六回。

为什么不说"二十年河东，二十年河西"呢？

因为吴敬梓认为，30年是人生的一个周期。其实，从日本近代到现代的经济发展的轨迹来看，"三十年"也是一个经济周期。

在中国清朝晚期，日本进入了明治时代，并开始了一场自我革命式的"明治维新"运动。日本打开国门全面学习欧洲，不仅引进了西方的政治、军事、教育、文化制度，同时引进了当时最为先进的科技与产业。从19世纪70年代开始，日本用了30多年的时间，从一个以农业和渔业为主的贫弱岛国，一跃成为亚洲最强的近代工业和军事国家。

但是，随着国力的强大，此后30余年，日本走上了一条侵略与殖民之路，给中国和亚洲其他国家带来了沉重的灾难。日本本身也遭到极大的反噬，不仅遭到美国原子弹的袭击，主要城市也成为一片焦土，300余万人成为战争亡灵。

从20世纪50年代开始，日本进入战后复兴期，经过30余年的高速发展，一举成为世界第二大经济体。但是，1990年，日本泡沫经济崩溃，然后又开始进入30余年的经济低迷期（也被称为"失去的30年"）。

直到最近几年，日本才开始出现了经济复苏的迹象。这是否意味着日本已经开启了未来30年的新经济增长周期？目前还不好下结论，但是复苏的迹象很明显。

20世纪80年代，日本产生了泡沫经济，之所以会在经济高速发展期产生泡沫，有以下六大原因：

1. 家电产品与半导体产业的发展，令日本出口大增，企业浮利增加，银行面临巨大贷款压力。

2.1985年的《广场协议》签署之后，日元翻倍升值（美元兑日元从240降到120），国际热钱大量流入日本，导致日本银行实施宽松货币政策，产生大量过剩流动资金。

3. 银行扩大向不动产、零售业、个人住宅等融资。"土地神话"抬头，地价和房价狂速提升，银座1平方米土地价格冲上70万美元（约500万元人民币），东京23个区的地价总和达到可购买美国全部国土的水平。《纽约时报》因此向美国人发问：到底是谁打赢了第二次世界大战？

4. 飞速发展的经济态势令国民相信"日本第一"，坚信"明天会更好"。这种思潮导致消费膨胀，还攻陷了纽约。日本三菱财团买下了美国洛克菲勒中心，索尼买下了哥伦比亚电影公司，实业家横井英树买下了帝国大厦。

5. 随着股票价格上升，日本人购买法拉利、劳斯莱斯等高档轿车和海外古董名画的消费热潮也不断高涨。高尔夫球、滑雪这种奢侈的运动，在日本也成为平民运动，一套几百万日元的高尔夫球杆，在日本卖断货，抢都抢不到。

6. 许多企业获得的大量资金没有去搞科研，扩大生产，而是疯狂投资股票、炒外汇、炒楼市。投机活动波及所有产业，连毫无收益可能的偏远乡村土地也作为休闲旅游资源被炒作到高价。当时乐观地认为：只要对土地的需求持续高涨，日本的经济就不会衰退。

泡沫经济时期，日本人均 GDP 一度超过美国，成为世界第一富国。因此，日本社会当时最响亮的口号是："卖掉东京，买下美国。"

1990 年，日本政府终于认识到，日本经济里负债比例已经占到 90%，全国都在玩"击鼓传花"，整个日本都在"先富剥削后富"。中产和资本家在狂欢，底层老百姓却揭不开锅，更买不起房。再这样下去，日本会崩溃，国家会破产。于是，决定刺破泡沫！

当年 3 月，日本大藏省发布《关于控制土地相关融资的规定》，对土地金融进行总量控制，收紧对不动产的贷款，这一人为的急刹车导致本已走向自然衰退的泡沫经济加速下落，并导致支撑日本经济核心的长期信用体系陷入崩溃。到 1991 年，日本商业银行实际上已经停止了对不动产业的贷款。

于是，在短短的两年时间里，东京、大阪等主要城市的地价、房价暴跌了一半，大量银行不良资产产生。由于日元升值，出口受阻，且因为对于未来经济失去信心，日本民众捂紧钱包，消费急剧降级。这一结果就直接导致了产能过剩。产能一过剩，企业就开始裁员降薪，大学毕业生找不到工作，于是就出现了"10年就职冰河期"。闲着没事的年轻人躲在家里打游戏、吃方便面，也没劲头、没钱谈恋爱，日本出现了"宅男宅女"的社会问题。

如何应对经济严重下滑，日本企业当时采取的主要措施是：

1. 同行企业与金融机构相互兼并。日本原来有100多家大小钢厂，通过相互兼并，形成了三大钢铁集团。150多家都市商业银行也通过相互兼并，形成了瑞穗、三菱UFJ、三井住友三大银行集团。这种"抱团取暖"的方式，最大程度地保护住了日本的产业。

2. 企业"出海"。在国内市场低迷的情况下，从20世纪90年代后期开始，日本企业纷纷"出海"，汽车制造业集中投资北美市场，而其他产业集中投资中国市场。日本企业利用中国廉价的土地、劳动力和原材料，将中国作为最大的出口贸易加工基地。企业纷纷"出海"，这使得日本的海外投资企业达到了7万多家，并因此在海外出现了另外一个"日本"，日本如今在海外的总资产与国内的GDP总额持平。

3. 银行实行负利率政策，将存款利率从6.5%降到0%，房贷利率只有0.4%，储户不仅没有利息，从银行取出存款时，还要倒贴手续费。虽然银行期望通过"负利率政策"鼓励大家消费，但即使如此，日本社会也无人从银行取出存款消费，更鲜有人贷款买房买车，经济因此陷入"死循环"。

在泡沫经济崩溃后的30余年里，日本依靠出海企业的生产供应体系维持了国内的产业经济，但是，始终无法拉动国内的消费市场。

于是，日本又推出了一大政策，那就是"观光立国"政策。日本决定接纳大量的外国人来日本旅游购物。很快，一年海外游客超过了3 000万人，这不仅令日本的酒店、餐饮、交通等服务业蒸蒸日上，更令奄奄一息的百货公司也年年出现盈利。

虽然经历了3年的疫情冲击，但是，进入2024年，日本上市公司在2023年度（到2024年3月止）的纯利润比2022年度猛增了24%。丰田汽车公司的纯利润更是达到4万亿日元（约2 000亿元人民币）。东京股市的日经平均指数也从2012年的8 000日元一举冲破4万日元大关，创下历史最高纪录。如今，东京市中心23个区的平均房价都突破了1亿日元（约500万元人民币），超过了泡沫经济时期的最高价。政府的财政收入也猛增了15%。到了周末，银座街头到处是人，高级餐厅需要提前一周预约。大学生的就业率达到了98%，东京缺2万名出租车司机，目前还雇不到人。

虽然经历了泡沫经济崩溃的打击，但是日本经济的市场化色彩浓郁，企业自愈能力很强。因此，日本经济并非需要政府主导，而是依靠企业自主规划突破就可把控。

在过去30余年间，中国经济与产业的崛起，韩国与东南亚国家（地区）产业的振兴，迫使日本企业不断地进行产业结构的调整，并不断地挑战新的产业，逐渐形成了12个字的经济发展战略：占据上游，控制中游，放弃下游。

上游要占据的就是核心技术与核心材料；中游要控制的就是核心零部件和核心设备；下游产业要放弃的都是中国、韩国与东南亚一些国家和地区都已经做得很不错的产业，譬如白色家电、手机、电脑等，日本不再在这些微利产业上与他国竞争。

也就是说，日本企业已经不在乎"面子"，而是重视"里子"。产品的外壳上写哪个国家和地区制造都行，但是，产品里面的核心材料与零部件用我的就行。你的产品还没有卖出去，但是我已经赚到了你购买核心零部件的钱。这或许就是很多日本企业的产品越来越少，每年的利润却越来越高的原因。

未来的日本经济将会是一个什么走向，它的经济支柱将会有哪些？

我觉得日本未来经济，有三根柱子：

第一根是新能源产业。发挥日本氢能源技术优势，全面推进氢能源社会建设。让氢能源由动力能源变成社会基础能源，成为城市基础设施的重要组成部分。同时，利用全固态电池和人工光合成技术，推动下一代电动汽车产业的发展，扩大储能产业领域，大幅降低电子设备、家电等能耗，打造一个低碳社会。

第二根是再生医疗产业。以免疫细胞和 iPS 细胞研发为先导，实现人类器官的再生，实现癌症精准治疗，让日本社会进入"人活一百岁"的时代。

第三根是以半导体为核心的 AI 产业。日本充分利用其控制半导体核心材料和半导体精密生产设备的优势，引进海外半导体头部企业，打造日本半导体新高地，实现"重返半导体王国"之梦。同时，利用"汽车王国"的优势，在全自动驾驶、高端工业机器人、智能化物联网城市建设等领域实现质的飞跃。

日本经济出现了蒸蒸日上的迹象，这是不是意味着日本经济已经走出了泡沫经济崩溃的阴影，开始步入复苏的轨道？

日本社会对此有各种看法。有人认为日本经济已经复苏，也有人认为日本经济依然处在黑暗的隧道中。

为什么会有这么大的意见分歧？原因在于普通国民在这轮经济复苏中，并没有获得感。工资的数字是增加了，但是抵消不了物价上涨带来的冲击。原因是美元不断地升值，导致日元不断贬值，使得日本石油天然气和农副产品等进口价格飙升，导致物价大涨，影响了老百姓的生计。

2024年6月7日，日本首相岸田文雄主持会议讨论"新资本主义社会"建设计划的修正案，提出了8项新目标，其中最重要的一项，就是不仅要让大企业加薪，中小企业都能加薪，同时小时工资要达到1 500日元（约75元人民币），这样才能让经济复苏的成果惠及全国的民众，让大家走上一条共同富裕的道路。

岸田文雄说，这就是"新资本主义社会"建设的最主要目标。

看日本经济在过去30年间走过的艰难之路，也让我们认识到，当一个经济周期结束，一个新经济周期开启时，我们需要搞清楚哪些是对的，哪些是错的；哪些应该做，哪些不应该做。同时，日本在各个领域比中国早走了几十年，了解它们走过的路，有过的成功和失败，如何走出泡沫经济崩溃阴影，如何"出海"开拓海外市场等的经验与教训，有助于我们应对经济下行的各种压力，发现企业生存与发展的活路，找到复苏经济的钥匙。

面对经济动荡的未来，我们不仅需要信心，更需要忍耐力！

徐静波

2024 年 7 月于东京

目　录

一、日本产业的活路 / 1

1. 世界半导体与 AI 企业为何汇聚日本 / 3
2. 台积电为啥会选择在日本农村建芯片基地 / 6
3. 夏普的活路在哪里 / 9
4. 东芝还有没有东山再起的希望 / 14
5. 为什么 90% 的日本人不想买电动汽车 / 18
6. 日本最新的氢能源汽车长啥样 / 21
7. 日本农村经济的新活路：年轻人乐当 AI 农民 / 24
8. 丰田创造的一大奇迹 / 28
9. 丰田汽车为何走回老路 / 31
10. 日本推出新政吸引海外资本建设国际金融中心 / 35
11. 日本人如今都办什么样的企业 / 40
12. 日本"宇宙立国"的产业规划 / 42
13. 日本民间企业参与宇宙开发寻找商业新路 / 46
14. 日本氢能取代电力和燃气进入普通家庭 / 50
15. 日本从新干线迈向磁悬浮高速时代 / 53
16. 本田汽车的新突破：造商务客机 / 56
17. 日本挑战 VUCA 时代 / 59
18. 日本国产客机 MRJ 为何夭折 / 62
19. 丰田研发的氢能汽车将驶往月球 / 65
20. 日本如何构建"氢能社会" / 68

21. 孙正义带领软银集团抢 AI 赛道 / 71
22. 日本建设南北两大芯片硅谷 / 74
23. 日本飞行汽车投入实际运营 / 78
24. 日本产业复兴之道：量子计算机的崛起 81
25. 索尼细工慢活研发生产"索尼汽车" / 85
26. 日本人如何经营养老院 / 89
27. 日本开启"全自动驾驶时代"倒计时 / 92
28. 日本"半导体王国"的复活战略 / 96
29. 日本企业都在研发哪些先端电池 / 99
30. 川崎重工如何将澳大利亚氢气超低温运回日本 / 103
31. 撬动日本新产业的三大应用技术 / 107
32. 二维码发明者正在研发可储存大数据的新码 / 110
33. 波音氢能大客机为何放在日本研发 / 113
34. 日本农村的新经济业态"道之驿" / 116
35. 富良野如何变成世界著名的芳草地 / 119
36. 日本的钱都投向了哪里 / 122
37. 日本企业为何要从海外回归本土 / 125
38. 巴菲特为何要大量投资日本商社 / 128
39. 支撑日本经济的支柱到底是什么 / 132
40. 孙正义投资中国三大企业为啥全亏 / 135
41. 日本拿什么追赶中国的电动汽车 / 139
42. 日系车在中国市场遭遇困局谋求突围 / 142

二、日本城市革命 / 145

1. 一场悄然开始的"东京城市革命" / 147
2. 日本旧城改造新样板:"麻布台之丘" / 150
3. 世界投资家为啥扎堆北海道二世谷 / 154
4. 日本纸媒的活路 / 157
5. 日本社会全面开放支付宝与微信支付 / 161
6. 日本人为啥还坚持用现金 / 163
7. 电商泛滥,日本百货店为何还能活得那么好 / 165
8. 日本人的住宅为啥很少使用大理石 / 168
9. 东京的房价为何涨得那么快 / 171
10. 一年遭受十余次台风,东京为何不会淹 / 175
11. 东京这座国际大都市是如何发展起来的 / 179
12. 日本国宝级百货店走过了 350 年的路 / 183
13. 日本如何利用 AI 来解决老人出行问题 / 186
14. 日本百年监狱改造成五星级酒店 / 189
15. 日本癌症治愈率和 5 年生存率为何比较高 / 191
16. 东京这座城市是如何建设与管理的 / 193
17. 东京鱼市场将变成新商业国际文化中心 / 197
18. 日本准备在月球上建造城市 / 200
19. 日本高层公寓楼如何建设逃生通道 / 203
20. 日本推行"15 分钟都市构想" / 206
21. 外国人最喜欢居住的日本城市排行榜 / 209
22. 日本从"汽车时代"回归"行人时代" / 212

23. 日本如何管理网约车 / 215
24. 东京缺2万名出租车司机开始招徕外国人 / 219
25. 一年游客5000万，京都市为何面临破产 / 222
26. 东京如何应对越来越空的办公楼 / 226
27. 松下公司在中国推出氢能入户系统 / 229

三、日本社会的变革 / 233

1. 日本社会走到了一个迷茫的十字路口 / 235
2. 日本社会如何应对少子老龄化问题 / 238
3. 日本现代社会的"孤独中年人" / 241
4. 日本年轻人的"三不主义" / 243
5. 东京大学毕业生为何不愿报考公务员 / 246
6. 日本社会出现一群"怪物新人" / 250
7. 日本年轻人跳槽的十大理由 / 254
8. 束缚日本经济复苏的三大诅咒 / 258
9. 日本企业为啥不热衷于上市 / 261
10. "日本首富"如何将优衣库做成国民服 / 264
11. 日本企业活下来的秘诀 / 267
12. 日本当年的泡沫经济是如何产生的 / 270
13. 日本进口商品为何比国产商品便宜 / 273
14. 东京最热闹的夜市街 / 276
15. 京都人的小生意 / 278
16. 日本政府的机关食堂如何经营 / 281

17. 在日本当销售员需要培养哪些素养 / 283
18. 东京大学为何禁用 ChatGPT / 286
19. 日本企业经营为何能够长长久久 / 289
20. 丰田章男为何突然辞去丰田社长职务 / 293
21. 稻盛和夫创立的公司为啥年年盈利 / 297
22. 日本"四大经营之神"如何应对经营危机 / 302
23. 日本的银行为何成为裁员大户 / 305

四、中国企业"出海"日本 / 309

1. 李嘉诚抢占先机投资北海道滑雪胜地 / 311
2. 华为在日本设立海外最大研发中心 / 314
3. 比亚迪闯开日本电动车市场 / 318
4. 中国企业向日本学习稻盛经营哲学 / 321
5. "海岳夫妇"在和歌山买下了一座温泉酒店 / 324
6. 与中国企业家对话：如何应对经济下行 / 327
7. 中国企业在日本投资餐饮业的成功概率 / 330
8. 日本企业的中国市场依存度到底有多高 / 333

日本产业的活路

1. 世界半导体与 AI 企业为何汇聚日本

美国微软公司决定,将在未来两年内(2025—2026 年),在日本投资 29 亿美元(约 4 400 亿日元),引进图像处理设备等用于人工智能的最新半导体技术,扩充东京和大阪数据中心的设施。同时在东京建立新的研究基地,致力于与人工智能相关的再培训(再学习)支持措施,目标是在三年内培训 300 万人。推进人工智能和机器人技术的研究,解决老龄化等社会问题,还将与日本政府合作应对网络攻击。

这是迄今为止,微软公司在日本最大的投资。

而在这之前半个月,世界最大的芯片制造商台湾积体电路制造股份有限公司(简称:台积电)宣布在日本的熊本县建设第二家芯片制造工厂。第一家工厂已在 2024 年 3 月建成投产。

为什么世界半导体和 AI 企业纷纷拥入日本?

台积电董事长张忠谋在谈到为何在日本建厂时曾表示,打造半导体芯片产业的五大元素缺一不可,这五大元素分别是水、土地、电力、现场技术工人、高度人才。台湾缺少这些元素,而日本有丰富而清洌的水资源,尤其是拥有优秀的工程师、技术工人和半导体研发队伍。

那么,微软公司为何将投资重心移到日本?

微软总裁史密斯在 2023 年 4 月访问日本时曾经表示,日本有非常好的半导体产业基础,尤其是在设备和材料领域遥遥领先世界其他国家和地区。同时,日本的机器人研发技术也是世界一流，在迎接 AI 时代到来时，微软需要日本的合作，期待日本发挥更大的产业优势。

日本半导体专家汤之上隆在 2021 年 6 月的众议院科学技术委员会会议上，发表了一条专家意见。他认为，日本半导体产业的最大优势和特征是拥有世界领先的半导体制造设备和材料。

也就是说，整个半导体产业的三大块——设备、技术、材料，日本占了两大优势，这是日本受到世界半导体企业青睐的最重要的原因：只要带着技术到日本就行。

日本不少企业专注于半导体的单一设备或材料的研发制造，并掌握独自的知识产权，占据全球压倒性的市场份额。例如，迪思科公司的切割机占到全球市场的 80%，索尼的高端传感器占到世界市场的 55%，FANUC（发那科公司）和安川电机的高端工业机器人占到全球 60% 以上的市场份额。味之素精细技术公司的包装用堆积材料占据世界市场的 96%，太阳油墨公司的包装用阻焊剂占据世界市场的 85%。日本在硅片、抗蚀剂、CMP 浆料和高纯度化学品等材料方面均占有世界 50% 以上的市场份额。另外，用于处理液体、流体、粉末和其他无形材料的设备和材料，日本的市场份额也是全球领先。

可以说，日本的材料制造商比设备制造商更有实力。

除设备与材料的优势之外，日本人的劳动观念和行为与西方社会不同，也占据优势。

西方人做事是先搞理论，再制定标准、规则和逻辑。换句话说，西方的工程师笨手笨脚，不善于做实验。或者说，在西方人的文化中，工程师根本不做实验，而是让技术人员来做实验。

而日本的工程师则凭着超群的感官和经验进行各种实验，而且他们非常擅长在既定框架内进行优化。也就是说，日本的工程师与技术工人的动手能力很强，并且很能吃苦耐劳，但是，他们不擅长制定标准和总结理论。

正因为如此，对于半导体企业来说，在精细化研究和制造领域，日本具备了超越西方的劳动力优势。

也就是说，日本在半导体研发制造领域，除设备和材料之外，还有第三个优势，那就是劳动力优势。再加上日本政府给予投资半导体产业的外资企业实打实的现金补助，使越来越多的外国企业将半导体与AI产业基地转移到日本，无形间，也在助推日本"半导体王国"的复苏。

2. 台积电为啥会选择在日本农村建芯片基地

2024年2月24日，全球最大的芯片研发制造企业——台积电（TSMC）在海外的最新生产基地，于日本九州地区的熊本县菊阳町建成投产。

92岁的台积电创始人张忠谋亲自赶到熊本出席投产开业仪式，日本首相岸田文雄发来视频贺词，经济产业大臣斋藤到场祝贺，日本经济界两位大佬——丰田汽车公司会长丰田章男、索尼公司会长吉田宪一郎也出现在会场。

这一刻，对于台积电来说，是"去台湾化"走出了极为重要的一步。对于日本来说，是为重温"半导体王国"之梦迈出了第一步。

台积电公司创立于1987年，以替日美企业代加工电子零部件起家，如今已经成为全球芯片研发制造的头号企业，在AI时代到来时，其企业价值已经超过丰田汽车的1.5倍，达到约5800亿美元。

根据台积电公布的消息，在2024年年底之前，将在熊本工厂率先生产12～28纳米的芯片。同时决定，2024年开始在熊本建设更大规模的第二工厂，计划在2027年建成投产，主要生产6纳米芯片。两工厂将实现月产10万枚芯片的产能。同时考虑在日本建设第三工厂（大阪府也在积极争取中）。

为什么台积电会跑到日本熊本县一个名不见经传的农

村——菊阳町来建世界最先进的半导体芯片工厂?

其一是日本政府的招商力度。

台积电到日本投资是日本政府多年来一直在争取的项目,从安倍首相时代已经开始。日本政府给出的最诱人条件是现金补贴一半的建设费用。

刚落成的台积电熊本第一工厂,总投资9 800亿日元,日本政府直接补助了4 760亿日元(约227亿元人民币)。建第二工厂,日本政府也已经答应补助7 300亿日元(约349亿元人民币)。

其实这几年,台积电不仅在日本投资建厂,在美国亚利桑那州也在投资建厂。但是,美国的补助金额和基础设施建设等没有日本那么痛快。所以,台积电表示,如果美国工厂建设拖拉的话,台积电将考虑在日本开建第三工厂。

其二是台积电在日本有很好的合作伙伴。

台积电就是替日本企业代加工起家的,尤其是与索尼、日立、NEC公司等有着长期的合作。在熊本第一工厂建成投产仪式上,张忠谋董事长深情回忆了自己当年与索尼公司创始人盛田昭夫、井深大交往的友谊,称"台积电从索尼学到了许多的东西"。

所以,在这次的熊本工厂建设中,台积电得到了索尼公司的全面协助,许多生产设备都是由索尼提供。厂房则由鹿岛公司建设。

其三是"地利人和"。

半导体尤其是芯片制造,需要大量的高度纯净水。台积电的报告称,2020年,台积电在中国台湾的三个科学工业园,一天的用水量达到19.3万吨。而目前中国台湾已经严重缺水。熊本县地下水资源十分丰富,一年的储量达到6.4亿吨,而且这些地下水大多数是附近阿苏山的雪山水,纯净度非常高,当地人都是直接把地下水作为饮用水。日本全国"百大名水",有四大水源出在熊本。

九州地区一直是日本半导体企业最为集中的地区,有"九州硅谷"之称,半导体企业多达1 000余家,产品占全国半导体产业的20%市场份额。其中200多家在熊本县,这200多家中,包括了世界著名的半导体企业索尼、东京电子(TEL)、瑞萨电子等。同时,还有九州大学、熊本大学、福冈大学和一批技术类短期大学,可以提供优质的劳动资源。

其四,便捷的海陆空交通。

台积电工厂坐落在山清水秀的菊阳町,位于熊本县中央地区,开车15分钟就可以到达熊本机场;开车一小时就可以抵达日本南部最大的国际港口——福冈,而且距离中国台湾也很近,海上运输十分便捷。连接福冈的铁路线也已经完工,车站直接设到了工厂附近,便于工人上下班。

日本一些智库估算,台积电落户熊本县,未来10年间将会给九州地区带来20万亿日元(约1万亿元人民币)的经济效益。同时,有一些与台积电相配套的台湾半导体相关企业也开始在九州地区落户。

为了让台积电的熊本芯片基地与日本未来产业实现高度融合,台积电芯片基地成立了一个运营管理公司JASM,台积电占股86.5%、索尼占股6%、电装占股5.5%、丰田汽车占股2%。

3. 夏普的活路在哪里

夏普公司的故事，需要从112年前说起。

1912年，日本一位名叫早川德次的实业家在东京的江东区成立了一家金属加工企业，当时的资本金为50日元，员工3人。1924年9月，东京发生关东大地震，结果工厂全部被烧毁。早川社长避难到大阪，于是在大阪新设工厂，并将公司改名为早川金属工业研究所。

1941年，公司被日本陆军征用为军工厂，开始生产收音机。次年，公司改名为早川电机工业株式会社。1953年，这家公司成功研制出日本第一款家用电视机，迅速风靡日本列岛。1962年，开始销售日本第一款家用微波炉。1964年，推出世界第一款电子计算器。到1970年，这家公司已经一跃成为世界著名的家电制造企业。于是公司再次改名，正式改为天下皆知的"シャープ株式会社"，品牌英文名为"SHARP"。

进入20世纪90年代，夏普手机、夏普电脑、夏普摄像机、夏普液晶电视机纷纷问世，而这四款产品都需要一种核心材料，那就是高清显示屏。

于是，夏普集中力量来研发生产高清的液晶显示屏。2004年，夏普投资建设的三重县龟山液晶屏工厂投入启用，并推出了"AQUOS"品牌的液晶超薄电视机。这款电视机在当时被认为是世界最高清的超薄电视机，甚至在中国也热销。许多人没有记住"AQUOS"品牌，但是记住了"龟山"液晶品牌，还有为这一品牌电视机做广告的日本不老女星吉永小百合。

当时,全世界的高清液晶屏,唯夏普的"龟山"是问。当时夏普打出的广告词是"世界的龟山"。

夏普公司经营班子似乎看到了公司最为灿烂的前景,头脑一热,在大阪府堺市投资建设更为先进的液晶屏工厂。

2009年,规模巨大的堺工厂建成投产。但是,乐极生悲的日子也因此开始。

由于韩国三星公司和中国TCL等企业的液晶屏品质大幅上升,而价格又远远低于夏普,在这番市场竞争中,夏普节节败退。加上世界金融危机的冲击,巨额投资带来的融资压力,夏普的经营陷入了困境。从2011年开始的四年间,夏普公司出现了总计1万亿日元(约500亿元人民币)的经营赤字。

在夏普公司陷入困境时,有一家中国台湾企业向夏普伸出了援助之手,这家企业就是鸿海集团。鸿海不仅是夏普长期的代工企业,血脉相近,更因为鸿海的子公司"富士康"代工苹果手机,令鸿海财大气粗。2013年,鸿海以控股夏普为前提,与夏普开展了资金与产品的全方位紧密合作,尤其是鸿海集团董事长郭台铭先生说服了苹果公司,令苹果公司的手机全部采用夏普的液晶屏,让夏普喘了一口气。

但是,当鸿海要求夏普提供最先进的IGZO(铟镓锌氧化物)技术在中国成都建设中小型液晶屏工厂时,夏普表示了拒绝,双方的合作一度陷入僵局,而鸿海则以巨额贷款为武器,展开了全面兼并夏普的架势。

一旦被鸿海兼并,夏普将成为日本战后第一家落入他人之手的日本著名头部企业。

日本政府如何对待？首相官邸闭上了眼睛。因为夏普是一家纯粹的家电企业，没有参与军工业务，落入海外企业之手，对日本国家安全构不成威胁。

那么，日本的银行怎么对待夏普？日本的银行财团拒绝向夏普继续融资，因为看不到夏普咸鱼翻身的希望，反而认为已有债权能收回多少算多少。

夏普成了全日本的弃儿。

2016年，鸿海公司宣布，控股完成对夏普70%股权的收购，夏普成为鸿海集团子公司。创业100余年，夏普第一次迎来了外国人老板——鸿海集团副总裁戴正吴。

戴老板的经营手腕属于"敏辣"型，他出任夏普公司社长后，实施了大规模的裁员和事业整编，同时将公司总部大楼也公开出售。第二年，夏普敲响了在东京证券交易所主板恢复上市的钟声。

所有人都感到万分惊喜：濒临破产的夏普，终于在鸿海的手中获得了重生。

但是，人算不如天算，郭台铭先生的智慧与勇气赶不上市场的瞬变。好日子没过几年，电视机没人看了；台式电脑也开始被赶出家庭。夏普公司最具优势的大尺寸液晶屏开始出现滞销。于是，夏普把产品研发生产的重心转移到平板电脑和手机上，积极开拓中小尺寸液晶屏市场。但是，一场百年一遇的新冠疫情过后，很少有人用平板电脑了，手机的销售量也直线下滑。加上手机显示屏大多采用有机EL（有机发光）屏，令夏普液晶屏事业的日子更加难过。

终于，夏普再次"病倒"了！

2022年，夏普公司出现2 608亿日元（约120亿元人民币）的巨额亏损。公司开始出售生产设备，并向NEC和索尼等日本公司转让部分子公司股权，希望消除经营赤字，改善经营困境，争取在2023年度（到2024年3月止）实现扭亏为盈。

那么，夏普公司努力了一年，到底有没有实现扭亏为盈？

夏普公司在2024年5月14日发表的2023年度财报显示，夏普在过去一年中未能实现预期目标，公司最终出现了1 499亿日元赤字，这是夏普公司连续两年出现了超过1 000亿日元的赤字，也就意味着，夏普重新陷入了被鸿海集团收购前的艰难困境。

毫无疑问，这一打击对于夏普是巨大的，如果继续维持现有的生产体制，夏普将没有出头之日。

努力了八年，夏普再度回到赤字连连的日子，接下来该怎么办？如何才能找到新的活路？

夏普内部传出消息说，将关闭堺工厂的生产线，同时出租龟山工厂的厂房设备。这意味着夏普将放弃在日本的液晶屏生产，把液晶屏生产业务委托中国企业代工生产。

2012年，索尼将液晶屏工厂卖给了韩国三星。2016年，松下电器公司宣布终止在日本国内的液晶屏的生产。如今若夏普也决定关停堺工厂和龟山工厂的生产线的话，那么日本将彻底告别生产液晶屏的历史。

夏普的堺工厂占地面积127万平方米，关闭之后将派什用场？最新的消息说，夏普公司正在与日本软银集团和第三大移动通信公司 KDDI、美国超微公司等企业进行协商，引进美国半导体巨头英伟达公司的尖端图像处理半导体技术与设备，建设亚洲最大的人工智能（AI）数据中心，让堺工厂成为一个面向未来的世界级 AI 数据处理与储存基地。

夏普 112 年的波澜起伏，成亦液晶，败亦液晶。鸿海闯荡日本，辉煌因夏普，失败也因夏普。液晶就像一块充满咒语的玉石，看着晶莹剔透，碰了就倒霉。投资决策一旦失败，往往是覆水难收。

4. 东芝还有没有东山再起的希望

"TOSHIBA，TOSHIBA，新时代的东芝。"

20世纪80年代，在中央电视台播出的这一句广告词，让中国人第一次知道日本有一家大公司，名叫东芝，日语念作"TOSHIBA"。

东芝是日本企业的一张闪亮名片，与日立、三菱电机齐称"电气三兄弟"，它最牛的是在1985年，将大型电子计算机压缩成薄薄的上下两片，研发出了世界第一台笔记本电脑。东芝也是日本国内第一台电冰箱、第一台洗衣机、第一台微波炉、第一台吸尘器的研发制造者。东芝的产品从白色家电、电视机、电脑、半导体、医疗设备，一直到列车车辆、电梯、机电设备、原子炉等，几乎覆盖了整个社会基础设施领域。不仅如此，东芝也是重要的军工企业。

然而，在2023年12月20日，这家创建于1875年的巨大电气王国，在东京证券交易所摘下悬挂了74年的牌子，正式宣告退市。

如此优秀的一家企业，到底是如何走到衰败境地的？

2005年，东芝宣布了一项新的扩张计划，即在三年时间内花费2万亿日元（约1 000亿元人民币）收购世界优质产业。第一笔买卖就是收购美国的西屋电气公司，以54亿美元（约385亿元人民币）的代价控股其77%的股权，一跃成为世界排名前三的原子炉制造企业。

然而，没有想到的是，两年后，世界金融危机爆发，东芝开始出现财务危机。于是，东芝被迫抛售东京总部大楼和大阪梅田空中大厦，"买买买"改为了"卖卖卖"。

2011年3月，东日本大地震发生，福岛第一核电站发生严重核泄漏，日本54座原子炉全部停止运营，全世界按停了核电站的发展按钮，西屋电气公司陷入经营困境。

2015年，东芝公司被发现做假账，掩饰西屋电气的巨额亏损。于是，东芝股票暴跌，股民纷纷起诉东芝公司索赔经济损失，东芝自作自受，被逼入了绝境，赤字额高达1.4万亿日元（约700亿元人民币）。

除并购西屋电气失败外，在数码时代到来时，东芝固守传统的重型电气与家电产业，在业态转换上采取了一种抗拒的心理，也错过了企业转型发展的良机。

然而，真正让东芝苦不堪言的，是引入海外投资基金后发生的一系列股权与经营权之争。

遭遇经营困境后，东芝开始出售大量的优质资产实施自救。譬如，最赚钱的东芝医疗设备事业，包括PET/CT机、重离子治疗设备，抛售给了佳能公司；图像传感器事业抛售给了索尼公司；白色家电事业抛售给了中国的美的集团；电视机事业抛售给了中国的海信集团；电脑事业抛售给了夏普公司；还有闪存芯片事业，出售给了美国贝恩资本。

但是，自救获得的资金只是杯水车薪。譬如，电视机事业也只卖了129多亿日元（约6.4亿元人民币）。

于是，东芝走出了危险的一步，那就是接受外部机构注资。

以美国投资基金为主的外部机构纷纷投资东芝，拥有话语权的大股东一下子增加了20余家。

结果，在公司如何分割与经营的问题上，有了没完没了的内部纠纷。东芝出身的经营班子成员拼命想守护祖传家业，而以盈利为目的的外部投资机构则要求将更多的优质资产转换成现金分成，甚至直接要求出售整个东芝公司。

这一内耗与迷走，整整持续了八年之久。

毕竟，东芝还是一家半军工企业，尤其是它的导弹制造技术与军用半导体技术，不仅事关日本的军事安保，也事关日美军事合作。最终，日本政府出手，2023年3月，政府主导的投资机构——日本产业合作伙伴机构（JIP）宣布，出资2万亿日元（约1 000亿元人民币）收购东芝78.65%的股权，但是前提是：东芝必须从东京股市退市，以避免外部股东干扰。

又经过半年多的纠葛，11月22日，东芝临时股东大会终于通过了接纳政府机构收购，从东京股市退市的决议。

12月20日，东芝挥泪离开了东京证券交易所。

退市后的东芝是从此走向不归路，还是仍有可能东山再起？

首先，从保护东芝的角度来说，退市的最大好处是终于摆脱了以美国投资基金为首的"婆婆""妈妈"的纠缠，将这些"捣乱分子"赶离董事会，保住了这家曾经令日本人无比自豪的企业。从此之后，东芝可以在日本政府主导的投资机构的掌控下，研发新技术，拓展新产业，可以打造成日本政府和社会所期待的新企业集团。

其次，东芝在剥离了家电、医疗设备、核电等事业之后，今后将集中精力和技术力量,主攻半导体、人工智能(AI)、新能源等未来新型产业,并发挥量子计算机、量子暗号通信等技术储备,把东芝改造成为一家"能做各种产品的物联网企业"。

失败乃成功之母。有消息说,东芝已经确定了3～5年重返东京证券交易所的重建目标,计划在公司成立150周年之际,再度敲响上市的铜钟。

"回归日本"后的东芝,能否如愿走出困境,考验的不只是东芝新经营班子的手腕,更是考验日本整个企业界和金融界的智慧,事关日本政府的脸面。

5. 为什么90%的日本人不想买电动汽车

前些天回国出差，发现上海满大街都是电动汽车，许多车都不知道叫啥品牌，感觉中国已经完全进入了"电动汽车时代"，遥遥领先于日本。

根据中国汽车工业协会发布的统计报告，2023年，中国共销售汽车3 009万辆，比2022年增加了12%，首次突破了3 000万辆大关，连续15年稳居全球第一。其中，纯电动汽车（EV）的销售量为668万辆，同比增长了24.6%。

另外，根据公安部发布的统计报告，截至2023年年底，全国新能源汽车保有量达2 041万辆，占汽车总量的6.07%；其中纯电动汽车保有量1 552万辆，占新能源汽车保有量的76.04%。

我们再来看看拥有"世界汽车王国"之称的日本，2023年，日本全国电动汽车的销售量仅为88 535辆，在国内汽车总销售量中只占1.7%。另外，从电动汽车的保有量来看，欧洲已达14.6%，美国也有8%，日本还不到1%。

我们再来看看世界两人电动汽车制造商2023年在日本的销售成绩单：特斯拉5 506辆、比亚迪1 441辆。

就连老牌的奔驰、宝马、大众在日本市场也推出了高端电动汽车，但销量均不理想。

日本最大的门户网站"雅虎"进行了一次网上调查，问：在欧洲，电动汽车的销售量逐年增加，但是在日本市场的销售一直低迷。如果是你的话，你想购买电动汽车吗？

三天内共有 7 458 人投票，其中 90% 的人表示不会买，只有 8% 的人认为自己会买。

问题来了：为什么绝大多数的日本人不喜欢电动汽车呢？

其一，从消费者的角度来看，大家感觉购买电动汽车没啥特别的好处。从销售价格来说，丰田和日产的新款电动汽车的销售价格都在 400 万日元（约 20 万元人民币）以上，而同类车型的燃油车价格一般都在 300 万日元（约 15 万元人民币）左右。

从成本来说，欧洲之所以电动汽车的销售量见长，是因为俄乌战争导致汽油价格的飙升，一升汽油的售价约 300 日元（约 15 元人民币），而日本只需要 170 日元（约 8.5 元人民币），因此，在日本，使用燃油汽车的成本比电动汽车差不了多少。

其二，从续航里程来看，由于日本列岛的大部分地区，整个冬季都是大雪纷飞，尤其是在东北部分地区，积雪将会达到 5 米以上，续航里程 500 千米的电动汽车，在冬季开足暖气空调的情况下，实际行驶里程不到一半。万一遇到大雪封道，在前不着村后不着店的山道上，就有可能遭遇冻死的危险。而燃油汽车加满油的话，一般都能行驶 600 千米～800 千米。所以，电动汽车的实际便利性存疑。

其三，电动汽车的普及率低，公共充电桩甚少。据说，东京羽田机场的充电桩只有五个。而家庭充电基本需要是一户建，而且要有停车位才可以安装充电桩。一般的公寓楼里多数没有停车场，即使有停车场，也不赞同家家户户安装单独的充电桩。所以，如何充电成为一个大问题。如果在外面的充电站充电的话，用的是工业电的价格，比加汽油还贵，而且比加油费时间。

其四，对于整个社会来说，从原材料的采购到制造，再到废弃，电动汽车制造全过程的成本高出燃油汽车许多倍。同时，在制造过程中，二氧化碳的排放量、能源的消耗量和矿产资源的消费量均比燃油汽车高。在燃油汽车的二氧化碳排放量已经得到很好控制的现在，电动汽车从制造到废气处理，反而显得不太环保。

日本政府已经宣布，要在2035年禁止燃油汽车的新车销售。但是，市场人士估计，即使推出全固态电池汽车，到2030年，日本的电动汽车能够占到汽车总量的10%，估计已是万幸。好在油电混合动力汽车不在禁止范围，所以，今后的日本汽车市场，混合动力汽车将会成为主角。

6. 日本最新的氢能源汽车长啥样

在"日本移动出行展 2023"（东京车展）上，最新的日本氢能汽车登场。

到目前为止，日本氢能源汽车主要是丰田汽车公司研发制造的轿车"Mirai"和丰田氢能源公交车。其中"Mirai"在 2021 年推出的第二代车型，带三个气罐，充气三分钟，可行驶 850 千米，这款车是雷克萨斯车型，内装修也很豪华。

那么，新冠疫情三年过去，丰田的氢能源汽车又有什么新发展？

在这次东京车展上，丰田新型氢能源汽车闪亮登场，它是新一代的皇冠汽车。

皇冠汽车是丰田的老牌，早在 20 世纪 80 年代就已进入中国市场。新一代的皇冠汽车是第 16 代车，全长 5.03 米、宽 1.89 米、高 1.47 米，是皇冠汽车诞生半个多世纪以来最大的车型。

新一代皇冠汽车分为两种动力系统，一款是混合动力车，在近日的广州汽车展上已有展出，据悉售价是 36.9 万元人民币（约 770 万日元），而在日本，售价是 730 万日元。作为纯进口车，混合动力的新皇冠，在中国的售价比较有良心。

另一款是氢能源车，这次没有在广州车展上展示。这款皇冠车的动力系统包括一个加氢三分钟后可行驶约 830 千米的氢动力系统和一个 2.5 升多级混合动力系统。整辆车配有三个高压氢气罐，目前还是皇冠系列中唯一的后轮驱动（FR）车型，也是最为豪华的车型。

这款氢能皇冠车在行驶中不仅不会排放二氧化碳（只排放一点水），而且还有一套空气过滤系统。在汽车行驶中，当空气吸入后，能自动对空气进行过滤，使排出的空气比吸入时更干净，成为一台移动空气净化器。

这款氢能皇冠车在后盖箱安装有两个外部电力输出装置（AC100伏/1 500瓦），在遭遇地震或台风等自然灾害出现停电时，这辆车能够输出电力，可以为平均使用量为400Wh的家庭提供约四天的电力供应。

这款新型氢能皇冠汽车的售价是830万日元，除享受新能源车的100%减税等优惠政策外，还能享受140万日元的政府新能源车补贴，实际购车价格约为620万日元（约29万元人民币）。

丰田除氢能源皇冠轿车外，还开发了氢能源重卡。

这款重卡是丰田和集团子公司"日野汽车"联合研发的。这款25吨重卡安装有六个高压气罐（70帕），两个电堆系统，充气六分钟，可行驶600千米，不需要中途加氢，就可以将货物从东京直接运到大阪，解决两大都市之间的绿色运输问题。

这款重卡从2021年开始，通过与一些物流公司的合作，已经进行了长达两年的实验性行驶，各项数据均达到预期，实现了高水平的环保性和作为大型商用车的实用性。同时，这款重卡的美国版也已经开始在美国进行实验性行驶。

除丰田集团之外，五十铃和本田汽车公司也正在联合研发氢能重卡，这款重卡以五十铃的GIGA型重卡为基础开发，低底盘、四轴，配备了本田的氢能电堆作为驱动系统，共安装八个高压氢气罐，使用四个氢能电堆，加一次氢可行驶800多千米。它还配备了外部供电功能，可在灾难发生时作为大型移动电源使用（最多530千瓦时）。

这款氢能源重卡重25吨，已从2023年开始进行一般道路和高速公路的实验性长距离行驶，计划于2025年正式投入商业运营，作为长距离的城际重卡，可加快实现日本氢能社会建设的步伐。

7. 日本农村经济的新活路：年轻人乐当 AI 农民

1972 年，日本经济进入了一轮高速发展期。当时的日本首相田中角荣提出了一个"日本列岛大改造计划"，宣布大建高速公路，实现"村村通公路"。目的就是要解放农村的劳动力，活跃农村经济，缩小城乡差别。

一般来说，经济发展与经济低迷的周期都是 30 年。日本从 20 世纪 60 年代开始，到 90 年代初的泡沫经济崩溃，整个经济高速发展期也就是 30 年。在这 30 年间，日本实现了城乡居民医保一体化、养老金一体化，也就是说，不管你是在东京还是在北海道，不管你当首相还是当农民，每位日本国民的医保和养老金的标准都是一样的。

实现了社会保障标准的一体化，也就大大缩小了城乡差别，加上政府对农业实施大量补贴，日本政府逐渐阻止了农业劳动人口的大量流失。

但是，农村的年轻人依然向往城市灯红酒绿的生活。所以进入 21 世纪，农村最大的问题，依然是年轻劳动力的不足。"高龄化农业"成了农村发展的瓶颈，尤其是实施土地私有化，祖祖辈辈留下来的农田后继无人，一些地区出现了农田的荒芜。

但是最近几年，在农村从事农业生产的年轻劳动者开始增加。

日本综合研究所的调查称，2015 年，日本 20～24 岁从事农业生产的人数仅6 500人。2020年，25～29岁从事农业生产的人数达到了11 000余人。这意味着，5年的时间里，农村的年轻农民增加了近一倍。

为什么年轻人开始热衷于农业生产？主要有两大原因。

一是政府的奖励政策。

因为土地私有制，日本政府对于后继无人的荒芜土地束手无策。但是从2015年开始，日本政府实施奖励政策，鼓励成立"农业公司"，通过租赁的方式去开发荒芜的农田。于是，一些城市里的大学生开始来到农村创业，他们租赁土地、租赁农机，开始现代化农业生产，并利用擅长的互联网知识，开设网店销售自己生产的农产品，利用社交平台来宣传自己的产品。

这些年轻人的成功，使更多的人开始关注有互联网参与的田园生活。

二是无人驾驶的AI农机的投入。

"农业机械人工智能化（AI）"是日本政府拯救农业的一大措施。近几年，通过GPS（全球定位系统）定位与5G通信技术，实施精准化的农机作业，正在成为日本农村的一道亮丽风景。

2024年5月黄金周，我去了一趟日本东北地区的农业大县——岩手县，当时樱花飘落，正是春播时节。我看到一台台农机在农田里忙活，有耕田机，也有插秧机。仔细一看，许多农机都是无人驾驶。

早就听说日本的农村出现了无人驾驶的农机，亲眼所见，也是十分震撼。

当地农民告诉我，现在的农业高中人气很旺，因为年轻人学的不是传统的农业生产，而是如何操作无人农机耕种土地、收割稻米，还有如何操作无人飞机施肥洒药和进行农田管理。也就是说，他们学的是最先进的AI知识与技术，而不是传统的插秧种田。

久保田（KUBOTA）是世界知名的农机制造企业，这家创业于1890年的公司，如今致力于AI农机的开发。

这家公司不仅开发AI农机，还研发了一套辅助农业生产的人工智能系统。这套名叫"KSAS"的AI系统，以5～20米见方的网格为单位管理田地，可以查看每个网格单元的生长数据，预测产量和口感。并将农田作业状态（施肥、作业路线等）和作物信息（生长状态、口感、产量等）与GPS的位置信息相关联，可以在个人电脑或智能手机上实时查看数据并采取相应的管理措施。

这一系统的功能在不断更新和充实，譬如最近新增加的功能是，根据气象数据自动计算未来气温的变化，预测出水稻的出穗时间和收割时间。

为了帮助人们学习和掌握这一农业生产的辅助系统，久保田公司成立了"KSAS"协会，2018年时只有6 700名会员，到2023年，已经增加到了26 400人。

利用人工智能技术实现农业生产的数码化，正在成为日本农业发展的新趋势，也成为日本年轻人愿意从事农业生产的重要契机。

遭遇过大地震和大海啸袭击的福岛县，有一家名叫"红梅梦"的农业公司，成立于2017年。公司共有职员12人，平均年龄 26 岁，其中最小的 20 岁，最大的 41 岁，是第 9 代农家传人。大多从农业大学和农业高中毕业，其中 3 人是 IT 专业的大学毕业生，还有 5 名女孩子。这群年轻人租赁了大批荒芜的农田，使用新型的 AI 农机，进行"数码农业"生产。

他们的最大感受是，传统的农业依靠经验种地生产，现代农业利用 AI 技术开展生产，没有经验的年轻人都可以成为农业高手。

"种地跟玩似的。"这也许就是日本年轻人愿意当农民的一大动力。

8. 丰田创造的一大奇迹

进入 2024 年，丰田汽车公司又创造了一大奇迹！

丰田发表的年度财报说，到 2024 年 3 月为止的 2023 年度，丰田汽车公司的利润比 2022 年度大增 96%，首次冲破 5 万亿日元大关，达到 53 529 亿日元（约 2 485 亿元人民币）。

这一数字，不仅是丰田汽车公司创建 91 年来的最高利润纪录，也是日本近 400 万家企业中，利润首次超过 5 万亿日元的第一家企业。

我们来看看过去一年中，丰田汽车公司创下了哪些业绩？

首先来看销售量。

2023 年度，丰田汽车全球生产量比 2022 年度增加了 9%，达到 9 971 739 辆；而全球销售量增加了 7%，达到 10 309 457 辆，其中海外市场的销售为 8 779 639 辆，国内市场销售了 1 529 818 辆，增加了 9%。销售量增幅最大的是北美市场，增长了 14%。而中国市场仅增长 1%，这也使得丰田汽车公司未能实现全年销售 1040 万辆的目标。

其次来看利润率。

2023 年度，丰田汽车公司的销售额增加了 21%，达到 45 953 亿日元（约 2 943 亿元人民币）。利润比原先预估的 49000 亿日元再增加了 4 500 亿日元，首次跃过 5 万亿日元大关，达到 53 529 亿日元。纯利润增加了 2 倍，达到 49 449 亿日元（约 2 296 亿元人民币）。

我们知道，由于丰田汽车公司对纯电汽车（EV）并不热情，也不怎么看好，因此，投入的研发力量比较有限，EV 的开发也相对滞后。在 2023 年度，丰田纯电汽车的销售量仅为 116 654 辆，而中国比亚迪的纯电汽车的销售量达到了 176 万辆。

有一种观点认为，丰田汽车公司在 EV 领域的落后将会令它很快失去"世界第一车企"的宝座，并有可能会被中国车企超越。

在 EV 领域研发投入滞后的背景下，丰田汽车公司的 5.3 万亿日元的破天荒利润是如何赚来的呢？

我们来看丰田的哪些车型卖得最好。

对于一年销售 1 030 万辆汽车的丰田来说，11 万辆的纯电汽车，几乎可以忽略不计。但是，丰田的混合动力汽车（HV）的销售量却猛增了 31%，达到 355 万辆，占到总销售量的 1/3，这给丰田带来了很大的利润增长点。同时，丰田给了大家一个很好的答案——纯电汽车并非天选，混合动力才是王道，因为丰田的混合动力车占了全球同类车的 60% 市场份额。

丰田破天荒利润的另外一个因素，是单车利润的倍增。根据丰田汽车公司社长佐藤恒治的介绍，2023 年，丰田每辆车的平均利润比 2022 年度猛增了 2 倍，达到 45 万日元（约 2.09 万元人民币）。

丰田的另一个利润增长点是日元贬值。

2023 年度，丰田的外汇决算汇率是绑定在 1 美元兑换 145 日元的水准。但是，到 2024 年 3 月底，日元汇率已经贬值到 155 日元。对于丰田来说，每贬值 1 日元，就会产生约 500 亿日元（约 23 亿元人民币）的增益效果。因此在 2023 年度，因为日元贬值给丰田带来的额外利益达到了6 850亿日元（约318亿元人民币）。

中国经济网于5月6日报道，根据盖世汽车研究院对中国车企的2023年度财报统计，18家主要车企的纯利润合计不到500亿元人民币。这意味着丰田一家公司的纯利润（约2 296亿元人民币）超过了中国主要车企合计纯利润的4倍以上。

从这个角度来讲，中国车企在求量的同时，如何寻求利益的最大化，以确保企业的可持续发展能力，可以认真研究一下丰田的经营管理战略与经验。

9. 丰田汽车为何走回老路

20多年前，丰田混合动力汽车被人嗤之以鼻，但是，最近似乎变成了香饽饽。无论是在欧美市场，还是在中国市场，油电混合的动力汽车逐渐赶超纯电汽车，销售量一路向阳。

中国汽车工业协会的统计报告说，插电式混合动力汽车已成为增速黑马，2023年1—11月，插电式混合动力汽车累计销量为243.9万辆，同比增长83.5%，远高于纯电动汽车23.6%的同比增速。

中国最大的电动汽车制造企业——比亚迪，2023年销售汽车302万辆，其中纯电车157万辆，插电式混合动力车143万辆。两者之间距离基本拉平。

汽车混合动力就是在一辆车上分别安装一套内燃机和一套纯电马达驱动系统，短途用电，长途用油。

丰田是混合动力的先驱者。1997年，丰田推出了世界第一款量产的油电混合动力汽车"普锐斯"。但是，这款混合动力汽车推出后，并没有受到人们的热烈欢迎，世界依然朝着"要么汽油车，要么纯电车"的方向发展。

最近几年，人们终于发现了混合动力汽车的好处。一般情况下，在市区里时速在50千米以下时，用的是电；而时速超过50千米时，则自动转换为燃油发动机系统。丰田的混合动力汽车还自带动能转换为电能的功能。汽车行驶时，车轮转动产生的动能，通过车载发电系统，自动转化为电能储备于车载电池中。

2023年12月，丰田推出的运动型混合动力皇冠汽车，充满电（需38分钟）和加满油的环境下，续航里程达到了1 200千米。

丰田并不满足于油电混合，从2023年开始，在皇冠系列车中推出了"全方位混合战略"，在油电基础上，再加一个氢能，实现"油电氢"三大动力系统的融合，将混合动力汽车（HEV）、插电式混合动力汽车（PHEV）和燃料电池汽车（FCV）的功能完美体现在一辆汽车上，实现1 800千米以上的最大续航里程。

2023年，丰田混合动力汽车在全球卖出了355万辆，占到丰田全年销售量的1/3，稳坐"世界第一"的交椅。

但是，丰田汽车公司认为，三大动力系统的混合只是孩子搭积木的游戏，并不能给汽车行业的未来带来革命性的改变。

2024年1月，在资深车粉汇聚的沙龙大会上，丰田汽车公司会长丰田章男宣布了一条重要消息——丰田决定研发新型发动机。

丰田章男会长说："在这个时代，发动机听起来似乎已经很落后，但事实并非如此。我们的未来需要它。听说研究发动机的人最近无法从银行获得资金，这是不应该发生的事。我们将继续需要大家的努力，我们绝不会浪费你们迄今为止所做的工作。"

丰田会长的这一发言轰动了整个汽车界。在纯电汽车和混合动力汽车风靡全球的背景下，丰田决定逆势而行，继续研发新型发动机，这一"走回老路"的计划，着实令人费解。

丰田会长当初并没有透露"新型发动机"的构造与性能。

但是，近日传出的消息显示，丰田正在研发的新型发动机，将是一台燃油与氢能的联合发动机。

丰田从20世纪90年代开始研发氢能动力系统。2016年推出第一代的氢能轿车"Mirai"。2020年，推出第二代"Mirai"。第二代氢能轿车加氢5分钟，标准续航距离为850千米，但是在美国加州试验驾驶中，跑出了1 358千米。2023年，丰田推出了第三代氢能轿车——皇冠氢能车。

但是，这三代氢能轿车的动力系统都是马达驱动的电堆氢能电池系统，而非内燃发动机系统。

丰田的野心显然并不止于此，他们早早地把目光盯上了氢能发动机。这种氢能发动机是一种以氢为燃料的内燃机引擎，它可以完全使用汽油发动机的零件，但是燃烧的不再是汽油，而是氢，排放出来的是清水，而非尾气。

2023年6月，搭载液氢燃料发动机的丰田GR卡罗拉H2赛车参加了在富士山下举办的汽车耐力赛，只需一分半钟就可加满液氢，完全可以媲美汽油车，成功地跑完了24小时的赛程。

丰田会长说："我们可以把所有的燃油发动机汽车简单地改装成氢能汽车。"

丰田目前正在研发的下一代新型发动机，便是燃油与氢能、合成燃料混为一体的联合发动机，也就是说，它不是传统的混合动力的多套动力系统，而是一套动力系统。这台新型发动机，既可以使用燃油，又可以使用氢气，还可以使用合成燃料。

最新消息称，丰田的新型发动机是一款1 500毫升直列四缸发动机，预计最早将于2026年完成开发。这将是一款高效率、高环保性的发动机,既可以拯救传统的燃油汽车产业,又可以实现大规模的零排放,以此引领世界汽车产业的一场新革命。

10. 日本推出新政吸引海外资本建设国际金融中心

日本政府近日推出了一项重大国策——实施"资产运用立国"政策，建设金融与资产运用特区，以吸引外国金融投资者，建设国际金融都市。

在 2024 年 6 月 4 日召开的国家战略特区咨询会议上，福冈县和福冈市、东京都、大阪府和大阪市、北海道和札幌市 4 个地区被选定为"金融与资产运用特区"，追赶目标为新加坡和中国香港。

日本首相岸田文雄在咨询会议上指出，这些特区必须细化具体构想，要致力于建设具有魅力的商务和生活环境，通过放宽政策与法规限制，吸引海内外金融和资产运用企业投资日本。

那么，日本政府具体如何运营金融与资产运用特区呢？

日本金融厅在咨询会议当天发表的《实现金融与资产运用特区方案》（《方案》）中指出，特区将聚集国内外金融、资产运用管理机构，培育支持成长型产业，同时促进商业、生活环境的改变，建设面向世界开放的国际金融中心。为此，将制定新的金融政策，优化金融行政，扩大英语对应范围，提高高级金融人才在留资格的便利性，修改各种税制，使海内外投资者得到优惠。

东京都特区将以建设"可持续发展社会的亚洲创新金融中心"为目标，吸引全球资金、人才、技术、信息等相关资源，为日本和亚洲的成长做出贡献。为了实现这个目标,将确立"可持续性发展金融先进城市""活跃于全球的初创企业诞生的城市""用英语进行商务活动的全球示范城市"三根柱子。

而大阪府和大阪市特区将成为"面向实现未来社会的挑战特区"。以"2025 大阪·关西世博会"的举办为契机,发挥"产学研"的紧密合作机制,大胆挑战新产业、新技术、新环境,努力成为全球的创新型城市。

福冈县和福冈市特区将建设以初创企业为主要对象的金融服务特区,发挥福冈作为日本的"亚洲门户"的地理优势,积极引进国际金融机构,集聚金融企业和金融人才,为日本九州地区和亚洲地区的初创企业提供成长资金,孵化新技术、新产业。

北海道和札幌市特区将利用大幅减免地方税的政策,以及土地辽阔、山清水秀、冬季滑雪等优势,吸引海内外投资资金,培育半导体和冬季体育运动新产业。

这些特区将以什么样的优惠条件来吸引海外的投资者?

日本金融厅在咨询会议当天发表的《实现金融、资产运用特区方案》中,公布了对来自海外投资者的优惠政策,主要有以下内容:

1. 作为政府机关,允分考虑到外国投资者日语的障碍,因此,在接纳外国投资者的事前协商、办理企业登记手续、后续的监督管理等,都将使用英语,并为此在四个特区设立企业服务中心。

2. 外国投资者在办理来日签证手续时,一部分资料将不再要求附加日文翻译,可直接使用英语资料。

3. 在外国投资者办理健康保险、年金保险、雇佣保险、劳动保险等手续时,可以直接使用英语申报。

4. 对于外国投资者在特区所在地的日本金融机构开设银行账户,要求迅速化、便利化。现行政策规定,外国投资者在进入日本6个月之后才可以申请银行开户。

5. 对于海内外金融投资企业,将减免地方税,并对于创业和开办企业所需经费予以一定的补助。

6. 缓和金融管制政策和相关法律,鼓励海内外金融机构在特区内设立子公司和分支机构,并允许扩大业务范围。

7. 创设新型担保制度,允许实施企业价值担保权,允许投资企业以知识产权、无形资产等作为担保向日本金融机构申请贷款。

8. 对于投资初创企业的投资者,创设专门的签证。

9. 凡是在金融特区里投资的外国人,将增加申请"高度人才"签证的积分。

金融与资产运用特区的设立,对于外国投资者来说,有什么直接的好处呢?是不是意味着日本政府已经打开了一扇"投资移民"的门户?

日本政府没有直接表示,金融厅在《方案》中也没有明说。但是,我们注意到《方案》中的两条政策,对于外国投资者在日本获得"永住资格"(绿卡),其实提供了极大的方便。

第一条就是为海外投资者创设专门的签证。

外国企业或个人在日本兴办企业或设立机构,其投资者和管理者的现行签证是"经营管理"签证。如果要为金融投资者创设新的签证,这一新签证的含金量可能将会超过目前笼统型的"经营管理"签证。这一新签证的名称是否会是"投资签证"？值得关注。

根据日本政府行政管理程序，新设签证必须在国会修改《出入国管理与难民认定法》，所以还需要一段时间。

金融厅在《方案》中，对于新签证的创设，有以下文字表述："对于一定金额投资于日本国内的海外初创公司，同时在特区内创业，并开展有助于特区内初创企业生态系统形成和发展的活动，以此为条件，政府将在 2024 财政年度结束前采取必要措施，为投资者（包括天使投资者）设立签证。"

"一定投资金额"是多少？说白了，假如这一签证变成"投资移民"签证的话，外国人需要投资多少钱才能获得这一签证？日本政府目前还没有划定这一投资金额的红线，相信在新签证公布时会公布这一投资金额线。

第二条就是为申请"高度人才"的金融投资者加分。

目前，日本政府为吸引海外的高级人才专门设立了"高度人才"签证，并实施了 100 分的各项申请条件的打分制。根据金融厅公布的《方案》，凡是在日本金融特区从事金融投资的人，将会额外增加分数，便于更容易取得"高度人才"签证。

根据日本现行的入国管理政策，取得"高度人才"签证的外国人在数年内可申请"永住资格"（绿卡）。按照这一思路，日本政府如果新设"投资签证"的话，这个签证的含金量一定比同于"高度人才"签证，因为"高度人才"签证是管人，而"投资签证"显然是管钱。这意味着，投资者没有高学历、高技术，但是只要有钱，也同样可以在取得"投资签证"之后，短期内获得在日本"永住"的资格。

　　日本政府为了发展经济，增强国力，大力吸引海外人才与投资，不仅要人，也开始要钱。而对于许多外国人来说，其最大的魅力莫过于日本的那张可享受日本国民待遇的"绿卡"。

11. 日本人如今都办什么样的企业

5月1日，对于日本来说，既是"国际劳动节"，又是"令和"新时代的开启纪念日。5年前的5月1日，日本第125代天皇明仁退位，德仁皇太子继承皇位，成为第126代天皇，日本也从"平成时代"和平进入"令和时代"——似乎全世界还在使用中国老祖宗们创造的年号来纪年的国家，也只有日本。

2024年是令和六年，日本市场调查公司——东京商工调查公司在5月1日前发表了一份调查报告，称在进入令和时代的5年间，日本出现了一个兴办企业的热潮，全国共创办了682 325家企业，这一数字占到了日本企业总数368万家的18%。也就是说，日本近2成的企业是在最近5年间办起来的，可见日本社会的创业潮之热烈。

那么，日本人如今都办哪些企业呢？

这份调查报告称，最多的是"服务业"，共有286 874家（占比42.0%）。其次是建设业，共77 283家（占比11.3%）。不动产是近年来日本最火的一个市场，这几年也兴办了67 951家不动产开发与中介服务公司（占比9.9%）。代表先端技术的"情报通信业"（IT、AI企业）为66 357家，排名第四，占比9.7%。

那么，日本哪些企业属于"服务业"？

在新设立的28万余家"服务业"企业中，最多的是"学术研究、专业技术服务"类的科研公司，共有98 828家。其次是商务咨询、经营指导、设计事务所等公司，这类公司大多以企业经营者或退休教授、退休工程师等为主设立的咨询服务公司，独立性强，小资本，专业性明显。

日本这几年开启了新一轮的城市改造，凡是到过东京的人，都会明显感觉到处是建设工地，旧楼拆除建新楼成为都市改造的一股新潮流。同时，由于 AI 时代、新能源时代和少子老龄化时代的到来，许多的一户建建筑也迎来了更新换代的改造期。因此，大小建筑公司目前是最为香喷喷的企业，所以在过去 5 年间设立了 7 万余家。

前些天到东京中城（东京ミッドタウン）吃午餐，发现备受世界关注的"索尼汽车公司"总部居然设在这里。这是索尼与本田汽车公司于 2022 年合资成立的企业，由索尼研发提供自动驾驶和车载音像等系统，本田汽车公司负责造车。

在 2023 年 11 月举办的东京移动出行展（东京车展）中，索尼汽车公开亮相，一般的新能源汽车安装的传感器是 15 个左右，索尼汽车就安装了 45 个。因为索尼是世界最大的高端传感器的制造商，占据了全球 50% 以上的市场份额，安装传感器就像搁大白菜似的，等到 2026 年正式推向市场后，自动驾驶的能力将直接达到 L4 等级。

所以，进入令和时代，科创型制造企业的纷纷设立，助推了日本产业的进一步转型。尤其是新设立的半导体产业相关企业总数超过 2 万家，让日本未来的产业经济看到了后发的动力。

12. 日本"宇宙立国"的产业规划

"日本是不是一个宇宙大国?"

估计没有多少人愿意回答"是"。

但是,在宇宙的探索中,日本闷声不响地干了好几项领先世界各国的技术活儿。其中最有代表性的,是从相距地球 3.5 亿千米的小行星上取回了一杯岩土。

2018 年,为了揭开人类起源的奥秘,日本探测卫星"隼鸟 2 号"经过长达三年半的飞行,飞抵远离地球 3.5 亿千米的小行星"龙宫"上空,成功实现了地面着落与探测,并进行了现场直播,着落精准度误差仅 60 厘米。第二年,为了取回"龙宫"地下岩土,"隼鸟 2 号"准备对"龙宫"地面实施爆破,结果发现,原先设定的爆破点是一堆乱石。负责卫星调控的日本 NEC 公司通过远程观察和计算,最后找到了 6 平方米大的一块空地,成功实施了爆破,并从地下取回了岩土。

2020 年 12 月 6 日,"隼鸟 2 号"携带"龙宫"地下岩土成功返回地球。"隼鸟 2 号"的制造与运营,创造了 7 项世界纪录。

2023 年 9 月 7 日,日本从鹿儿岛县的种子岛卫星发射中心,使用第 47 枚国产运载火箭"H-IIA",发射了一颗月球探测器"SLIM"。

这是一颗怎样的探测器?

日本国立宇宙航空研究开发机构发表的消息说,虽然苏联、美国、中国、印度都实现了卫星登月计划,但是日本的步后尘登月计划有三项别国没有的技术活儿:

第一，就是我想在月球的哪里着落，就在哪里着落。

迄今为止，各国的月球探测器都是选月球能够着落的范围内着落，而日本的这颗月球探测器"SLIM"，是实施预先选定地点的绝对精准着落，精准的着落范围是 100 平方米，而别国的着落范围是数平方千米。

按照这次登月工程总指挥坂井真一郎在记者会上的说法，月球探测器以时速超过飞机 8 倍的速度（6 400 千米 / 小时）在 800 千米高空掠过，20 分钟之后，能在指定的篮球场安然着落。

第二，日本这颗月球探测器携带了两个小型探测器，一个是超小型月球探测车，另一颗是可变形月球机器人"SORA-Q"。

这台小型探测器搭载有光学摄像机、放射线检测仪、温度计、加速器等，会在月球探测器着落月球前先行弹出，可以在月球上弹跳并自主移动，将分析记录月球上各项数据。它拥有独立的通信系统，可以直接与地球通信，将各项数据传送到地球控制中心。

这台探测器由东京农工大学、中央大学、和歌山大学等共同研发。它被赋予了许多最先进的 AI 技术，具有独立的判断与自控驾驶和观察分析能力，不需要地球控制中心发出指令。

而月球机器人也将在探测器着落月球前自动放出，从月球表面几十米高处对月球探测器的着落过程和周边环境进行拍摄，它也有自主移动能力，并拥有一个独立的通信系统，可与地球直接通信。这个月球机器人是日本玩具公司 Takara Tomy（多美）与索尼公司等共同研发的。

第三，日本这颗月球探测器还携带了一台多波段光谱相机

（日本立命馆大学宇宙地球探查研究中心研发），可以对月球的岩石进行光学分析，弄清月球与地球的关系。假如月球的岩石与地球地幔岩石相同，那么，"地球与月球原来就是一颗星，遭巨大外力撞击后，分裂成两颗星"的假说，或许就可以成立。

这个探测器已于2024年1月20日深夜零时成功实施了月球着落，完成了预期的计划。

发射月球探测器，只是日本宇宙探测计划的一部分。其实，日本早在1992年就诞生了第一位宇航员——毛利卫搭乘美国"奋进号"航天飞机，代表日本完成了首次太空实验飞行。迄今为止，日本已经有12名宇航员和2名太空游客飞上了太空，最长的一位在国际宇宙空间站工作生活了半年。而且国际空间站有日本独自研发的实验舱"希望"，日本的宇宙飞船多次往返国际空间站运送各种物资。也就是说，日本已经具备了独自建立空间站的技术与能力。

日本政府最新透露的消息说，日本文部科学大臣与美国航空航天局局长签署了一份正式协议，除委派两名日本宇航员参与美国主导的"阿尔忒弥斯计划"，日本还将向这一登月计划提供可行驶1万千米的氢能月球汽车。

这两名日本宇航员已经选定，其中一位是女性，名叫米田步，28岁，是东京大学医学部毕业的外科女医生。

另一位是世界银行的日本籍职员、防灾专家诹访理（46岁），两人是在日本全国4 127名自由报名者中海选出来的，日本已经为两人专门研制了可以在月球行走的太空衣。根据目前美国航空航天局的计划，登月行动将在2025年后实施。

而日本计划提供的氢能月球汽车是丰田汽车公司研发的,这辆氢能源"月球汽车"被命名为"Luna Cruz",长 6.0 米,宽 5.2 米,高 3.8 米,居住空间为 13 平方米。按照 42 天在月球上行车 1 万千米的要求设计,搭乘人员为 2～4 人,车内将充满空气,搭乘人员不需要穿宇航服,穿 T 恤衫就可以在车内生活工作。

丰田汽车公司发表的消息说,这辆月球汽车的氢能源将暂时从地球上运往月球,充气一次可行驶 1 000 千米以上。汽车排放出来的水将可以作为月球上的饮用水使用。如果在月球上发现水资源的话,将可以在月球上建立制氢工厂,利用太阳能实行以水制氢,解决月球上的电能和动能的供应问题。这方面的技术,丰田汽车公司已经十分成熟。这辆月球汽车还将安装丰田汽车公司独自开发的月球自动驾驶系统。

另外,京都大学和鹿岛建设公司也联合发布了"月城"生活设施的概念图,宣布共同研制可以在月亮和火星上生活的建筑设施,这个生活设施名为"火星玻璃杯",直径 200 米,高 200 米～400 米,可以容纳 1 000 人在里面生活。

另外,为了实现人类自由往来地球与月球、火星之间,两家公司正在开发人工重力的宇宙列车,类似于新干线列车的大小,作为"银河列车"供人类使用。

可以看出,日本的宇宙开发计划是全社会各行业共同参与,并作为一项未来型的新兴产业——"宇宙产业"实施全面推进。

13. 日本民间企业参与宇宙开发寻找商业新路

2024年3月13日上午,日本一家民营企业发射的运载火箭在升空数秒后发生爆炸,虽然没有造成人员伤亡,但是,日本政府内阁卫星情报中心委托发射的一枚侦察卫星宣告被毁。

日本社会为此唏嘘,电视台连续报道这次发射的失败,因为对日本来说,这枚运载火箭的发射,具有一定的象征意义。

迄今为止,日本运载火箭的研发制造与发射都是由政府的宇宙航空开发研究机构(JAXA)主导,主要由三菱重工业集团(民营半军工企业)制造。2024年2月,新一代大型运载火箭"H3"发射成功,此行动令日本跻身于世界主要的宇宙开发国家行列。

但是,世界的宇宙开发,已经从军事目的为主转向商业目的为主,越来越多的国家期望拥有自己的星链,越来越多的企业希望自己拥有天上的卫星。根据摩根公司的估算,到2040年,世界宇宙市场规模将达到1万亿美元(约7.1万亿元人民币)。于是,廉价快捷的商业卫星发射成了许多国家和企业争相开发的新产业,马斯克已经成为宇宙开发最为疯狂的一个人。

日本IT业的弄潮儿堀江贵文也几次在北海道发射场发射自己研发的小型火箭,但是每次都以失败告终。而13日发射火箭的企业,其背景与堀江贵文的公司截然不同,这家名叫"スペースワン"(SPACE ONE,太空一号)的公司,是由日本四家著名企业和机构共同出资,于2018年成立的,一家是佳能公司，另一家是石川岛播磨重工业（IHI），还有一家是清水建设，这三家企业都是世界 500 强企业，另外一家是日本政府的政策投资银行。

领导这家"太空一号"公司的社长，也是一位"牛人"，名叫丰田正和。他与丰田汽车公司会长丰田章男没啥亲戚关系，却是一位长期从事与宇宙开发事业相关工作的高级官僚。

丰田正和出生于 1949 年，已经 75 岁。他毕业于东京大学法学部，在美国普林斯顿大学伍德罗·威尔逊政府学院攻读完硕士学位。进入日本通产省（现经济产业省）后，从通商政策局美国课课长（处长）干起，一直当到通商政策局长、经济产业省审议官（副部级）。其间，参与和主导了 APEC 的创立、日美汽车贸易战谈判、有关全球温暖化问题的《京都协议书》的签署等。2008 年出任内阁宇宙开发战略本部事务局局长、内阁官房参与（政府顾问）。

日本政府的火箭发射场是建在日本列岛西南端的鹿儿岛县种子岛上，那里离陆地近，附近海域广阔，人烟稀少。"太空一号"公司没有租用政府的发射场，而是在大阪附近的和歌山县的串本町建造了日本第一个民间发射场，发射场外面就是太平洋。

"太空一号"研发的火箭长 18 米，适合于发射低轨卫星。根据公司介绍，从下单到发射，只需要几个月的时间，而且发射费用只要 8 亿日元（约 4 000 万元人民币），属于高效率、低成本的商用卫星发射火箭，计划一年发射 20 次。

但是因为种种原因，这枚火箭已经 6 次延迟发射，终于天算地算算到 3 月 13 日，这一天在日本的日历上是"大安"日。

如果发射成功，将是日本第一枚民间火箭携带卫星飞向苍穹。然而，升空仅仅5秒，火箭就突然爆炸，散成一片火光。

"太空一号"公司宣布，由于火箭内部系统故障，火箭在自测后选择了自爆。

"太空一号"火箭的首次发射宣告失败，损失的不只是政府的那一颗侦察卫星，而是人们对挑战宇宙产业的信心。

"太空一号"公司成立，佳能公司功不可没。

佳能是世界著名的照相机制造企业，但是，当手机都能够拍出4K高清照片时，单反相机出现了滞销，佳能的生存面临了极大的危机，于是，佳能公司寻求转型创新。一方面利用精湛的照相技术，向高清医疗设备仪器制造领域转型，佳能的PET-CT已经是世界一流的产品；另一方面，佳能向宇宙产业领域转型，研发制造低轨图像卫星。2017年，佳能在印度发射了第一颗低轨地球观察卫星，2020年在新西兰发射了第二颗卫星。据称，佳能卫星照片的清晰度超过了美国的军用侦察卫星。

佳能显然已经不满足于研发制造卫星，它想拥有自己的火箭、自己的发射场，参与全球宇宙开发的商业市场。佳能的这一梦想得到了伙伴们的支持，于是，研发飞机发动机的石川岛播磨重工业（IHI）举手参与，因为火箭发动机与飞机发动机的原理有几多相似。擅长建造大型设施的日本最大的建设公司之一的清水建设也同意出资。"太空一号"公司悄然诞生，成为日本民间宇宙开发企业的新星。

在3月13日下午举行的记者会上，"太空一号"公司的丰田正和社长说："让大家失望，我感到非常抱歉。但是，我不喜欢使用'失败'一词。这次发射的数据与经验一定能够成为下次挑战的成功之母。"

14. 日本氢能取代电力和燃气进入普通家庭

回国开会，与大家聊中国经济的未来，我是积极鼓励大家关注氢能产业。但是，大家问得最多的一个问题是：氢气会不会爆炸？

很显然，对于"氢能"的认知，有些朋友还停留在"氢弹蘑菇云"的时代。

氢气（日语称"水素"）到底是属于"危险化学品"，还是属于和石油液化气一样的一般性"易燃易爆品"，目前还没有一个明确的定论。

日本法律体系中，将氢气归于"高压气体"范畴，也就是属于和石油液化气一样性质的物质，属于一般性的"易燃易爆品"。

既然如此，石油液化气可以直接进入家庭，那么，氢气当然也可以安全进入家庭。

这就需要有一个新的认知，那就是，氢能不只是汽车、船舶、列车等的动力能源，更是一个国家的基础能源，可取代建筑物中的常规电力。譬如，一般家庭需要两种能源——电和燃气。而氢气进入家庭后，则可以取代电和燃气，以"一气之力"为家庭提供用电、煮饭烧菜（电磁炉）和热水供应（电解水制氢发电过程中能产生大量热水）。

日本政府在 2023 年 6 月通过的《氢能发展计划》中，确定到 2030 年时，一年制氢 1 000 万吨；2050 年时，一年制氢

2 000 万吨的目标。

2021 年时，日本一年的能耗约为 2 000 万吨，这就意味着，根据日本政府发展氢能的目标，到 2050 年，日本在没有核电、水电等的情况下，仅仅依靠氢能就可以解决全社会的用电所需，让日本真正进入"零排放"的氢能社会。

2023 年 11 月，丰田汽车公司推出了第三代氢能轿车——皇冠氢能轿车，这款车全长 5 米，宽 1.89 米，是皇冠汽车诞生半个多世纪以来的最大车型。这款豪华轿车加氢三分钟，可行驶 830 千米。目前的标准售价是 830 万日元（约 40 万元人民币），享受政府的新能源车的补贴后，实际购车价格约为 620 万日元（约 29 万元人民币）。

另外，丰田与子公司日野汽车联合研发制造的 25 吨氢能重卡，安装了六个高压气罐，使用两个电堆系统，充气六分钟，可行驶 600 千米。而五十铃汽车公司与本田汽车公司合作研发制造的 25 吨氢能重卡，共安装了八个高压气罐，使用四个电堆系统，加氢 10 分钟可跑 800 多千米。

最近，距离银座 10 分钟车程的奥运选手村（正式名称为"晴海旗"）已经开始投入使用，第一批居民开始入住。这是濒临美丽东京湾的大型现代化社区，全部建成后，将有 4 500 户居民入住。这个社区也是目前世界上最大的氢能社区，氢气通过管道直接抵达各个公寓楼的一层，一层有电解水制氢发电机组直接发电，发出来的电通过普通电路进入家庭的氢能储能电池，供家庭用电之需。在断电的情况下，这块氢能电池还能确保一家 7 天的用电所需。

除了东京等大都市里开始让氢能进入公寓楼，在福岛县，氢能开始进入一户建的普通家庭。

福岛县是日本的电力大省，拥有两座核电站，但是，自从福岛第一核电站核泄漏事故发生后，核电全部停止。于是，在2020年，临近福岛第一核电站的浪江町建成了世界上规模最大的"绿氢工厂"——通过太阳能发电，利用石油天然气作为原料制氢，年产氢1万吨。

这套家庭用氢能发电系统由日立公司研发制造，由三部分组成：

1. 室外式的电解水制氢发电机箱。
2. 家用氢能储能电池。
3. 热水供用系统（电解水制氢能产生60°C左右的热水）。

每当傍晚时分，这台氢能发电机组开始自动发电，补充储能电池的能耗。

作为全球氢能技术的高峰国家，以上的实景实情，可以说明日本在氢能社会建设领域已经迈出了扎实的引领之步。

15. 日本从新干线迈向磁悬浮高速时代

2000 年，日本的磁悬浮列车是当时世界上最快的列车，时速 500 千米。

过去 20 余年，日本的磁悬浮列车的最高时速已经达到 603 千米，但是，还一直处于实验阶段，因为造车与商业运营，是两码事。

1964 年，日本新干线投入运营，直到今天，最高的时速还没有超过 320 千米。

为啥过去半个多世纪，日本的新干线列车还没有跑到时速 400 千米呢？

原因有两个：

一是地理问题。日本是一个岛国，多丘陵。所以，你从东京坐新干线去京都，发现许多时候在钻隧道，高速列车钻隧道，就会产生风洞技术问题，车速过快的话，会导致列车"飘"。同时，隧道结构长期在应力波作用下，易发生疲劳损坏。还有一个因素，就是要减少列车在穿越隧道时，乘客因为车厢内外气压差导致的不舒适感。

二是成本问题。高速列车的车轮每运行 240 万千米，就要报废。日本测算了一下，考虑到车轮的磨损率，新干线列车的车速控制在 300 千米最为经济合理，因为从东京到京都，考虑到穿越隧道的减速问题，其实把时速提高到 350 千米，只不过早到 10 多分钟，没多大意义。反而因为车速过快车轮的磨损率提高，会使得运营成本增加。

　　新干线列车已经跑了59年，除了大地震有过两次脱轨，没有发生过重大车辆事故，也没有出过人命。但是，毕竟新干线是高速列车的一种，日本已经摸到了天花板。日本需要更先进的地面交通工具来取代现有的新干线列车，那就是磁悬浮列车。

　　在富士山下的山梨县有一条全长43千米的磁悬浮实验线，初建于1996年，磁悬浮列车在这条实验线上已经跑了20多年，一直在不断完善和改进各方面技术。

　　2000年的磁悬浮列车是第一代，如今已经更新到第三代。就车辆制造和运营技术来说，日本的磁悬浮列车已经非常成熟。

　　接下来的问题，就是如何投入商业运营。

　　一条连接东京和名古屋市的"磁悬浮中央线"已经开建，全长286千米，全部为复线轨道，其中地面部分是40千米，隧道部分是246千米，建设难度很大。从2015年正式动工兴建，计划2027年通车，整个建设周期长达13年。建设费用的总预算为6万亿日元（约2 884亿元人民币），每千米的建设成本约为170亿日元（约8亿元人民币）。

　　磁悬浮列车通车后，每小时将有10个往返车次，始发站是东京的品川车站，终点站是名古屋车站。目前搭乘新干线列车，从东京到名古屋最快需要1小时36分钟，磁悬浮列车开通后，只需要40分钟。以后延伸到大阪车站（全长500千米），只需要67分钟（现在新干线为2小时27分钟），使东京和大阪这两大都市之间变成了"1小时经济圈"。所以，在东京买房的话，建议买在品川，那里房价现在还很便宜，地段属于东京都港区。

日本第一代磁悬浮实验列车是在 1979 年开始行驶，当时的时速达到 517 千米。到 2027 年正式投入商业运营，日本磨蹭了 48 年，而这半个世纪磨一针的做法，为的是最高的安全和产业的可持续性。根据计划，到 2050 年，日本主要地区将会实现磁悬浮列车的连接，让日本全国进入"两小时生活圈"。

16. 本田汽车的新突破：造商务客机

1945年秋，日本投降。本田宗一郎失业，那一年，他39岁。

本田先生闲着没事干，于是自己做了一台制盐机，从海水中提取盐，然后拿盐去换米。妻子身体不好，但是每天得骑着自行车去自由市场卖盐。本田看着心疼，于是想道："如果能够在自行车上安装一个马达，是不是省力得多？"

本田先生说干就干，他去一家废旧电机商店捣鼓来一台小型马达，安装在妻子的自行车上，再装一个小小的汽油罐。于是，一台摩托自行车诞生了。

当本田太太骑着这辆摩托自行车上街的时候，邻居们很惊讶，纷纷推着自行车求本田先生也给他们装一个。

第二年，本田先生成立了一家公司——本田技术研究所，开始研发制造电动自行车。

1947年，本田公司推出了第一代摩托自行车。

本田先生只有小学学历，但是自从小学5年级时去看过一次飞机，他就梦想着有一天自己也可以造飞机。

这个梦想，本田先生一直念念不忘。

1986年，本田公司内部悄悄地成立了一个小型飞机研发部。

当时，本田先生已经77岁，离开公司经营第一线已有好多年。"如果本田先生知道公司开始研发飞机，他非得天天跑来公司不可。"为了避免惊扰老先生，本田公司瞒着本田先生开始了造飞机的事业。

1991 年，本田先生去世，他未能看到自己的飞机翱翔蓝天。

2003 年，第一架本田商务机开始了第一次试验飞行，2012 年正式实现量产。到 2023 年 5 月，全世界天空中飞行的本田商务机已经达到 230 余架。从 2017 年以来，全球小型商务机的销售量，本田连续五年获得世界第一。

本田公司的后辈们为本田先生实现了造飞机的梦想。

2023 年的东京汽车展，改名为"日本移动出行展"，在东京台场的国际会展中心举行。我在本田公司的展区，看到了第三代的"本田商务机"。

在本田公司研发人员的引领下，我登上了这款客机。

这是一架小型双发喷气式飞机，机体采用的是碳纤维复合材料，而不是铝合金，机身使用一次性整体压模成型的技术，使得飞机更加轻巧与美观。发动机不是吊挂在机翼下面，而是安装在机翼上，这是本田飞机的一个独特的设计，一方面可以大大减少对机舱内的噪声干扰，使得本田商务机比同类飞机更加静谧，而且飞机的后机身空间得到了很大的改善，后行李舱有 1.61 立方米，远比竞争对手的要宽敞。

这架商务机客机采用了新型隔音材料，能够保持机舱内的整体静谧性，还安装了自动油门功能和紧急着落系统，使得飞机的安全性得到了充分的保障。此外，通过机身结构的改进提高了飞机在着陆时的操控性和稳定性，并首次在机翼上安装了"地面扰流板"（用于飞机着陆后减速的装置），而且一名飞行员也可以飞行。

走进客舱，发现有五个座位，另外有两个驾驶位，后部还有一个厕所。机身采用了本田公司独自调制的特别黑色，机舱内部装潢，也增加了日本"和"的元素，营造一种温馨的氛围。

在功能方面，这架商务机由两台本田和航空动力巨头通用电气联合开发的HF120型涡轮风扇发动机驱动，通过加长油箱和增加最大起飞重量，续航里程达到2 865千米，比第一代本田商务机增加了204千米。北京飞东京全程2 347千米，这架本田商务机无须中途加油，就可以完美完成这一旅程。

目前，这架商务机的售价是7亿日元（约3 400万元人民币）。

听研发人员的介绍，11人座的商务机"本田2600"也已经开始投放市场。

创业77年，本田公司从一辆小小的摩托自行车开始，发展到本田摩托车，再发展到本田汽车，然后造出了飞机，现在开始研发人造卫星，迈向宇宙产业。

人不怕失败，就怕没有梦想。而本田先生创立的公司能够把一代一代人的梦想前赴后继地去实现，这就是本田人的精神。这种精神才是实现百年企业的根本。

17. 日本挑战 VUCA 时代

曾任日产汽车公司社长和日本汽车工业会会长的志贺俊之先生，近日在与日本 IBM 社长山口明夫的对谈中说了一句话："我们正在进入一个不知道正确答案的易变性、不确定性、复杂性和模糊性的'VUCA 时代'，一切都在瞬时变化，一切都没有定论，需要经营者以更清醒的头脑与智慧去把控未来。"

"VUCA 时代"是一个什么样的时代？

"VUCA 时代"是宝洁公司首席运营官麦克唐纳在一次讲演中，借用一个军事术语来描述商业世界的新格局新时代：

V=Volatility（易变性），是变化的本质和动力，也是由变化驱使和催化产生的。

U=Uncertainty（不确定性），缺少预见性，缺乏对意外的预期和对事情的理解和意识。

C=Complexity（复杂性），企业为各种力量，各种因素，各种事情所困扰。

A=Ambiguity（模糊性），对现实的模糊，是误解的根源，各种条件和因果关系的混杂。

麦克唐纳讲述的是商业世界，但是，政治家们也以此来认知当今的世界外交格局。甚至作为个体，也无法确定明天是否会被降薪，甚至被解雇。明明这个人今天挺火的，第二天就在网络社会里消失了。明明这款产品卖得挺好，过个节就没人要了。

你不知道"为什么？为什么？"，但结果，就是什么也没了。

"VUCA时代",就是一个瞬息万变、不可预测、莫名其妙的时代。

持这种担忧和彷徨之心的,不只志贺先生,还有日本从企业家、学者到政府首脑的立体人群。因为在瞬息万变的时代里,谁都难以把控一家企业、一个行业和一个国家不可预测的命运。

其实,不能怪谁,因为当人类进入"VUCA时代",谁都难以清醒、瞬时地把控好自己的未来。

那么,如何应对"VUCA时代"的到来?

专家们提出了这么一个目标,主张必须具备以下五大能力:信息收集能力和处理能力、决断力、随机应变的对应能力、沟通与公关能力、问题解决能力。

同时,作为企业也好,政府也罢,必须做好以下五项准备:对洞察力的知识储备、对各种结果时刻准备、过程管理和资源系统的准备、有效的影响力模型的准备、系统恢复和修补措施的准备。

而对于企业高管和政府官员,则提出了"OODA"四个层面的思考理论:观察(Observe)、把握(Orient)、决断(Decide)、行动(Act)。

"VUCA时代"才刚刚开启,如何应对是一人课题。这不仅涉及一个社会的知识与人才的储备,更关系领导层与管理者的素养与思考力、洞察力、决断力的培养。显然,用传统的惯性思维要去应对变幻莫测的"VUCA时代",显然会力不从心,甚至错误连连。

我忽然明白了66岁的丰田汽车公司社长丰田章男先生在辞

职的记者会上说过的一句话:"汽车进入了一个新百年时代,也是一个 AI 时代,虽然我也努力将汽车与数码技术、AI 技术相融合,想创造一个汽车新时代,但是,我一直无法超越作为一个汽车制造者的思维范畴,这是我的极限。我认为现在有必要退一步,让丰田进入一个新的篇章。丰田需要变革,需要新的社长来完成这些使命。"

丰田章男应该是日本社会在迎接"VUCA 时代"到来时,第一位以企业生存发展为上主动牺牲个人利益的贤者!

18. 日本国产客机MRJ为何夭折

2023年2月,三菱航空机公司宣布,停止开发生产第一架国产中型客机,它的名字叫"MRJ"。

虽然总觉得这一消息迟早会宣布,但是一宣布,还是给日本列岛带来了巨大的冲击,因为它断送了日本的国产客机梦。为了实现这一梦想,日本几代人挑战了半个世纪。

20世纪60年代,日本独自开发制造了国产客机"YS-11",但是,那是螺旋桨式的小型客机。对于日本人来说,更渴望能够制造出代表日本最高技术与制造业水准的纯国产喷气式客机。

进入21世纪,三菱重工集团开始了这一挑战,他们在爱知县名古屋机场附近,建立了研发和制造基地,利用生产战斗机的技术与零部件生产供应体系,希望制造出能够与波音客机相媲美的现代客机。

一架中型客机的零部件有95万多个,是燃油汽车的30倍。爱知县是丰田汽车公司的所在地,有着近万家汽车零部件制造企业。三菱重工业集团满怀自信,觉得自己一定能够汇集起日本的智慧与技术,为日本的航空事业书写历史性篇章。

三菱重工集团事实上是日本最大的军工企业,不仅制造日本国产的战斗机,而且还组装改造美国的F15战斗机,同时,它的火箭研发制造技术也是世界领先。所以,当三菱重工集团成立"三菱航空机"公司,宣布要生产日本纯国产客机后,整个日本列岛为之振奋,谁都觉得"此事能成"。

以全日空为中心，海内外诸多航空公司总共向三菱集团订购了 450 架 MRJ 客机。当初计划，第一架客机的交付时间是 2013 年。但是，由于在 2009 年，客机的设计发生改变，虽然 MRJ 一号机已经多次翱翔蓝天，甚至飞到巴黎参加了国际航空展，但是，客机的交付时间前后出现 6 次变更与延期，使不少航空公司对 MRJ 失去信心，取消了订单。

2020 年，三菱集团为了研发和制造这架客机，已经投入了 1 万亿日元（约 500 亿元人民币），但是依然未能获得一份"适航证书"。终于在 2023 年 2 月，不得不宣布 MRJ 的研发生产计划失败。

日本国产客机之梦为何会遭遇破碎？

直接指挥这一研发制造工作的"三菱航空机"公司前社长川井昭阳，在接受爱知电视台的采访时透露了失败的原因。

"日本政府也是罪魁祸首之一！"这是十分意外的原因。

为了这架国产客机能够交付使用，三菱重工集团先后六次向日本政府主管航空事业的国土交通省递交了"适航许可证"申请，但是，日本国土交通省组建了一个以波音公司退休工程师为主体的专家团，对 MRJ 的系统设计和零部件设计进行了极为挑剔的审查，每一次都无法得到国土交通省的满意认可。为了获得适航证书，还得投入数千亿日元的资金，三菱重工觉得希望渺茫，最终选择了放弃。

日本航空评论专家吉川忠行称，日本国土交通省的审查比美国联邦航空管理局（FAA）的审查还要严格，这是日本国产客机夭折的一个主要原因。

而夭折的背后不只是日本国土交通省的过于严格，更有三菱重工集团本身对制造民用客机研发的复杂性和艰巨性认识不足，包括技术力量的不足。

三菱重工集团社长泉泽曾在记者会上坦承，从一开始，三菱重工集团就以打造一架纯国产的客机为目标。因此，零部件的研发制造也全部委托国内企业进行，希望借助这架客机的生产，打造出一个日本独自的民用客机的制造产业。但是，我们过于自信。

而日本航空机公司前社长川井昭阳认为，三菱技术人员的自傲和与波音专家团的不协调，也是失败的一大原因。

为了能够通过美国联邦航空管理局的适航审查，三菱航空机公司也聘请了一部分波音公司的退休工程师做技术指导。但是，在系统和零部件设计修改等领域，三菱工程师与波音专家团产生了不少的分歧，这些分歧也导致三菱重工的波音专家团与日本国土交通省的波音专家团联合起来，对MRJ客机进行"联合挑剔"，令三菱工程师们的每一次努力，都达不到波音专家团的高精要求，这令高傲的三菱工程师们产生了极大的挫败感。

最终导致三菱重工集团放弃MRJ客机的直接原因，是不管他们怎么努力与改进，也难以获得美国联邦航空管理局的适航许可证。

日本国内航空市场对于客机的需求量有限，MRJ必须开拓国际市场，才能获得生存与发展的机会。但是没能获得美国联邦航空管理局的适航许可证，也就意味着MRJ只能在有限的国内市场里打转，无法拓展国际市场，这就给了MRJ致命的打击。

MRJ的失败，令日本客机研发从此一蹶不振。

19. 丰田研发的氢能汽车将驶往月球

从 1994 年开始研究车载氢能动力系统，到 2016 年推出第一代氢能轿车"Mirai"，丰田汽车公司研发了 22 年。如今，丰田汽车公司要让在地面上行驶的氢能汽车开到月球上去，这个时间节点是在 2029 年，还有五年多。

丰田正在研发的氢能月球车名叫"Lunar Cruiser"，译成中文的话，可以叫"月球巡洋舰"。

这辆车是在 2019 年，丰田汽车公司应日本国立宇宙航空研究开发机构之邀共同研发的，主要参与者还有三菱重工业集团——日本最大的宇宙产业集团。2022 年，正式列入美国宇航局（NASA）主导的月球探查计划"Artemis"，将承担起月球载人巡航的任务。

2023 年 7 月 21 日，丰田汽车公司举行记者会，公布了这辆月球车的研发进程。

早在半个世纪前的 1969 年 7 月 21 日，美国"阿波罗 11 号"宇宙飞船载着三名宇航员成功登上月球，并在月球活动了两个半小时，使用钻探取得了月芯标本，拍摄了一些照片。此后，包括我们中国在内，多个国家通过发射太阳能月球车探查月球地表，但是，第一，无法载人；第二，行驶距离和时间十分有限。

我们来看看丰田研发的月球车。

其一，它使用新型的再生氢能燃料电池（RFC），将储存高压氢气的储气罐和氧气瓶与月球车同时发射升空，在月球上生成氢能动力，驱动车辆行驶。

其二，这辆月球车自身携带有电解水技术和设备。根据迄今为止的探测，月球地层可能存在着水，一旦发现有水，就可以直接在月球上制氢——利用高效的太阳能面板发电。

其三，这辆月球车一次利用已有储气罐氢气的续航距离是1 000千米。即使在月球上找不到水源，也可以通过飞船输送的方式，将储氢和氧气储存装置运送到月球实施加氢。计划在月球上行驶的距离为1万千米，以走遍月球为目标。

其四，这辆月球车最大可以搭乘四人，也可以供两名宇航员长期生活，其中的各项生活物资，可确保宇航员一个月生活，是一个移动的小酒店。

其五，车内生活空间为"四叠半"（约7.29平方米），使用三菱重工业集团的技术，人员在车内可以不穿宇航服，其重力环境与地球相同，可以像在地球上一样生活。

其六，车体由丰田汽车公司研发制造，车轮则委托日本的普利司通公司研发制造，为应对月球表面未知的复杂路况，轮胎采用高强度金属丝轮胎，以确保安全。

其七，月球车搭载有自动驾驶系统，在月球上没有GPS的情况下，目前正在考虑使用惯性导航和无线电导航（通过加速度的积分来估算位置）及恒星跟踪器（通过恒星的位置来估算姿态角）来建立一套月球定位系统。

月球车约有10吨重，将在2029年，使用美国正在研发的新型运载火箭一次性发射升空，送往月球。

丰田汽车公司月球探测车开发工程负责人山下健在记者会

上表示，在2024年前完成所有的设计，在2027年前，完成整个车辆的制造。如果一切顺利的话，到2029年，这辆车将会载着宇航员们奔驰在月球上，揭开人类探测月球的新时代。

  我比较佩服丰田人，能孜孜不倦地把一项技术研究几十年。虽然氢能事业到目前为止一直在赔钱，但是作为世界最大车企，丰田研发新技术，创造新产业，是对世界、对人类的一份责任，更是一种格局。

20. 日本如何构建"氢能社会"

氢能源的制造成本和销售价格是发展氢能产业的一大障碍。光有好的氢能技术设备还不行,还必须确保氢能源的价格比汽油等能源便宜,才能让氢能源有广阔的发展空间。

因此,如何制造出廉价的氢能,也成了中日两国乃至世界发展氢能产业、建设氢能社会的一大课题。

那么,日本在这方面是怎样做的呢?

目前,日本政府采取了补贴 30% 的政策,使得加氢的价格略低于加汽油的价格,加氢 1 千克约 1 200 日元(约 60 元人民币)。丰田第二代"Mirai"轿车的三个气罐总容量为 141 升,相当于可储存 5.6 千克氢气,全部灌满的话,需要花费 6 720 日元(约 340 元人民币)。第二代"Mirai"车的标准续航里程为 850 千米,这就意味着每行驶 100 千米需花费 790 日元(约 40 元人民币)。

日本政府的目标是,到 2030 年,氢气的价格从目前的每千克 1 200 日元降到 330 日元(约 17 元人民币),到 2040 年降到 220 日元(约 11 元人民币)。

如何才能实现氢能价格低于汽油价格 1/5 的目标?

日本把最大的期望放在澳大利亚的褐煤制氢上。褐煤又名"柴煤",是一种介于泥炭与沥青煤之间的低级煤。川崎重工看上了这种可利用价值极低的低级煤,与澳大利亚的 AGL 能源有限公司等合作建造了氢气制造工厂,每天可从褐煤中提取

770吨的氢气，一年的生产能力可达25万吨，可满足300万辆氢能汽车用氢所需。数年后，川崎重工计划将澳大利亚的氢气制造量增加到100万吨。

澳大利亚褐煤的储量可开产240年。川崎重工已建造完成第二代运氢船，比第一代船扩大126倍的气罐储量，一次可以搬运16万立方米约1万吨液化氢。将运输成本从目前的每标准立方米170日元（约9元人民币）降到89日元（约5元人民币）。最终通过频繁运输，将成本降到每标准立方米3日元（约0.15元人民币）。使得氢能不仅成为人类最绿色环保的能源，同时也是最廉价的能源。

那么，日本政府将如何推进氢能社会建设呢？

2023年6月6日，日本政府举行内阁会议，相隔六年制定了新的《氢能基本战略》，提出了全面建设氢能社会的目标，具体的目标是：

1. 今后15年内，官民合作投资氢能产业15万亿日元（约7 700亿元人民币）。

2. 氢能的供应量从2025年的200万吨增加到2040年的1 200万吨。到2025年，达到年产2 000万吨（日本一年的总能耗为2 000万吨），完全实现氢能社会的建设。

3. 全国加氢站从2023年的157座增加到2030年的900座。

4. 全面推进氢能汽车、氢能轨道交通网络和氢能发电、氢能海空动力、家庭用氢能综合能源系统等的构建，使得氢能成为最环保最廉价的社会基础能源。

根据日本政府制定的《氢能基本战略》，九个技术领域将会成为氢能产业重点投资和发展的方向：电解水装置、氢能产业链构建、脱碳型发电、燃料电池、脱碳型炼钢、脱碳型化学制品、氢能燃料船舶、燃料氨的开发、碳回收再利用产品开发。

日本政府期望到2030年，通过氢能的制造与氢气的液态化，实现氢能产业制造与应用的三大目标：

"可移动"——可搬运到任何地方使用。

"可制造"——可以利用任何一种能源进行生产。

"可储存"——作为绿色能源可以长期储存。

21. 孙正义带领软银集团抢 AI 赛道

　　ChatGPT 的诞生，让孙正义重获生机。

　　因为，沉寂了数年的人工智能（AI）技术，重新进入人们的视野。

　　作为软银集团的创始人，孙正义一直认为，创造和创新是两回事。美国人有一颗自由之心，善于科学创造。而日本人恪守规矩，善于科技创新。所以，拿美国人创造出来的概念，用日本人的创新手段进行提升，一定会相得益彰，互补互赢。

　　过去几年，孙正义专注于投资和收购 AI 企业，用他超前的眼光悄悄打造世界上最大的 AI 集团。但是，遇到三年新冠疫情，半导体产业受阻，AI 技术进入黑暗隧道，科技股集体暴跌。对于孙正义来说，天时地利人和，三者都缺，软银集团从疫情前盈利超过 4 万亿日元（约 2 026 亿元人民币），到 2021 年度巨亏 1.7 万亿日元（约 860 亿元人民币），2022 年度再亏 9 700 亿日元（约 490 亿元人民币），几乎让孙正义在过去 20 多年赚的银两亏损一空。最典型的数据是长期拥有的阿里巴巴约 27% 的股权，一下子削减到了约 0.5%。

　　靠着抛售阿里巴巴的股票，孙正义扛过了最艰难的日子。

　　2021 年，65 岁的孙正义突然宣布，他今后不再出席公司重大的公开活动，似乎有种英雄迟暮的感觉。但是仅仅过去两年，久未露面的孙正义再次出席了软银集团的股东大会。

　　在股东大会上，孙正义进行了激动人心的演讲，题目是"开启反转攻势"。

在演讲中,孙正义提及最近流行的聊天机器人 ChatGPT,他说自己是一个"重度用户",每天多次地与 ChatGPT 交谈,激发灵感,如同进行头脑风暴。他指出,ChatGPT 将使 AI 革命成为现实。同时,孙正义也表示,几乎每天都和推出 ChatGPT 的 OpenAI 的首席执行官山姆·阿尔特曼聊天,并邀请他几次访问日本,与他面对面探讨 AI 的未来。

2022 年 11 月底,OpenAI 推出了聊天机器人 ChatGPT,仅用了两个月时间就收获了超过 1 亿的用户,吸引了全球的目光。随着 ChatGPT 的火爆,生成式 AI 赛道早已成为全球科技巨头们追逐的新宠。

孙正义强调,软银集团一直以来主要投资与 AI 相关的公司,盈利不是最终目的,他十分期待人工智能能够产生一场崭新的时代革命。他说:"在过去的几年里,我们专注于防守。三年前,我们手头没有很多现金。但由于我们一直处于防御模式,手头的现金已增加到 5 万亿日元(约 2 533 亿元人民币)。现在,我们已经准备好转向进攻模式,我对此感到兴奋。我最感兴趣的是人工智能革命,我相信人类将被计算机或人工智能超越。我们希望成为人工智能革命的领导者!"

他热情地向股东们描绘了未来的 AI 世界:"当你的孙子到了我们这个年龄,我相信他们将生活在一个计算机比人类所有智慧的总和还要聪明一万倍的世界里。"

面对这么多追随他的股东,孙正义最后说了一段话:"过去,我们做了很多投资,也遇到不少的失败,现在想想都觉得尴尬。

自去年 10 月以来，我一直在想我还有多少年可以活，有些时候，我感到非常空虚。'这就够了吗？''就是这样吗？'我哭了又哭，好几天都停不下来。但我在无数次失败中发现了一些惊喜。我最近度过了一段忙碌但非常激动人心的日子。"

孙正义的这次演讲给了股东们一个强烈的信号：软银集团已经熬过了苦日子，今后将会继续加大对 AI 领域的投资，再次向 AI 领域发起冲锋，好日子即将到来。

最新的消息说，软银集团旗下的电信公司已经加入 AI 赛道，1 000 余人的团队正在开发日本版 ChatGPT，以寻求新的业绩增长点。另外，软银旗下的芯片设计部门 Arm 正在寻求首次公开募股，因为软银已经与丰田汽车、NEC 等公司联合开发 2 纳米半导体，计划在 2025 年问世。

看来，孙正义翻身的日子已经到来。坚持与忍耐，总有重生的那一天！

22. 日本建设南北两大芯片硅谷

2023年5月中旬，IBM、LG、英特尔、微软、台积电等国际半导体企业的首脑们汇聚日本，宣布了一项重要决定：集中在日本建立半导体工厂或研究基地。

为什么这么多半导体企业不去美国投资，而是跑到日本来建厂设基地呢？

日本经济产业省的一份资料解读称，最大的原因是：半导体产业涉及三大领域，分别是材料、技术和设备。在最为关键的19种半导体材料中，日本有14种材料的产量占据世界50%以上。生产半导体的主要设备，日本也占到了全球的55%以上。日本唯一落后的是技术。所以，世界各大半导体企业只要将技术嫁接到日本，那么日本就是非常好的半导体研发与生产基地。

20世纪80年代，日本是世界的半导体王国，在全球半导体产业中，日本占据了55%以上。但是，从2000年之后，日本在半导体领域走了下坡路。目前的半导体产业只占全球市场15%的份额。

所谓"瘦死的骆驼比马大"，虽然这几年日本的半导体产业被美韩和中国台湾地区超越，但是，底蕴仍在。在日本企业在新冠疫情期间遭受了汽车半导体零部件供应不足之痛后，日本政府决定两条腿走路来重振日本的半导体产业。一条腿是组建日本独自的半导体产业集团，另一条腿是招募海外企业投资日本。

2022年8月，丰田汽车、NTT、NEC、软银、索尼、电装、三菱UFJ银行等八家日本巨头企业和银行宣布联合组建一家半导体企业研发生产下一代半导体技术，实现尖端半导体技术的国产化。

这家被称为"日本丸"（"日本号"船）的联合企业，名为"Rapidus"的公司，其总部位于东京都，但是，工厂和研究基地设在北海道新千岁机场附近的工业区。

根据小池淳义社长的解释，把工厂建在北海道新千岁机场附近，主要考虑到三个因素：

第一，新千岁机场是北海道最大的机场，国际航线连接世界和日本各地，交通十分便捷，物流也十分方便。

第二，北海道冬日积雪，雪水融化的地下水水质非常好，而且北海道本身没有大企业。因此，工业用电能够得到充分的保障，同时电费要比其他地区便宜。另外，用地也能得到充分的保障。

第三，北海道的工业大学和职业中专较多，能够确保雇佣到优秀员工。

2022年12月，Rapidus公司与美国IBM公司签约缔结了伙伴合作关系。IBM公司将向Rapidus公司提供2纳米半导体工艺生产所需的GAA环绕栅极晶体管技术，这是实现2纳米半导体的关键。

根据计划，工厂于2023年9月开工，2024年6月完成厂房设施等的建设。2025年4月开始运营一条试验性2纳米半导体生产线，并引进EUV光刻机等设备。目标是2027年开始大规模量产 2 纳米半导体——这个进度比台积电、三星及 Intel 量产 2 纳米半导体节点只晚了一两年。为此，日本政府已经向该工厂提供了第一批 700 亿日元（约 35 亿元人民币）的建设资金补助。

而日本政府显然不满足于 Rapidus 一家公司在北海道折腾，日本首相岸田文雄在 2023 年 6 月 21 日的记者会见上明确表示：北海道有广漠而丰富的土地，在这里，最适合建设如同美国硅谷一样的世界先进的 IT 产业研发与生产基地。千岁市不仅要成为新一代半导体的产业基地，也要成为人工智能（AI）和自动驾驶等物联网时代的先进研发基地。政府将为这一"北海道硅谷"的建设提供必要的支援。

根据计划，到 2030 年，仅 Rapidus 一家公司实现的年营业额将达到 1 万亿日元（约 510 亿元人民币）。

除北海道之外，日本在南部的九州地区的熊本县菊阳町也在建设一个半导体与 AI 产业园区。这个园区以台积电为主，汇聚了海内外众多的半导体相关的企业。

目前，台积电的第一座工厂已在 2023 年 9 月建成投产。这座工厂总投资 86 亿美元（约 617 亿元人民币），其中日本政府提供了 32 亿美元（约 230 亿元人民币）的建厂补助。根据计划，台积电熊本工厂将从 2024 年开始，投产 5 纳米半导体。

第一座工厂尚未建成，台积电已经开始跟日本政府协商征地，筹备建设第二家熊本工厂，以便在 2027 年前后生产 2 纳米半导体。另外，索尼公司也决定在熊本县建设先进的传感器工厂。

熊本县政府称，到 2030 年前后，熊本县的半导体产业的产值将达到2万亿日元（1 013亿元人民币），相关产业工人将达到2万余人，熊本县将成为亚洲半导体研发生产的新高地。

日本政府之所以如此重视半导体产业的振兴，全力支持建设北海道和熊本县两大南北"硅谷"，最大的原因在于应对AI时代的到来。日本的汽车产业支撑了20%的日本经济，而未来一台智能化汽车所需要的芯片，不是目前燃油汽车的2 000余个，而是需要8 000～10 000个。同时，日本精密仪器设备制造也需要大量的高精度芯片和半导体零部件。因此，如何确保高精度芯片的生产供应，成为左右日本经济和产业发展的生死存亡的关键因素。

23. 日本飞行汽车投入实际运营

2025年，世界博览会将在日本大阪举行。

拿什么来展示未来？日本决定让飞行汽车投入实际运营。基本的构想是：海外来客抵达关西国际机场后，可以从机场搭乘飞行汽车飞往大阪市的世博会会场，同时还可以从世博会会场飞往大阪市中心的观光胜地——大阪城旅游。

大阪世博会希望建立连接八个目的地的飞行出租车线路，每小时约承载20个班次。飞行出租车将把大阪世博会的举办地与神户和京都及周边地区的机场等地方连接起来。

大阪可能成为全世界第一个让飞行汽车进行商业飞行的城市。当然，这是一年后的情景，却也是未来世界的一种景象——让汽车在天空飞行。

为此，日本已经组成了由航空公司、汽车制造企业、AI技术研发公司和国际商社等共同参与的飞行汽车推进协议会，来推进和实施大阪世博会的飞行计划。

2009年3月，世界首辆飞行汽车"飞跃"（Transition）首次试飞成功。这款由美国马萨诸塞州特拉福嘉公司推出的飞行汽车，可以在空中飞行或在陆地上行驶。它可在15秒内从一辆有两个座位的公路汽车变身为一架飞机。制造商说，由于它使用普通无铅汽油，驾驶这样的汽车很简单。另外，普通的车库就可以放得下它。"飞跃"靠100马力的发动机提供动力，发动机既是汽车的驱动，也可摇身一变成为"飞机"的后置推进器。

但是,这款飞行汽车并没有得到应用和普及,因为它需要跑道。

目前,包括中国、美国在内的世界各国都在研究飞行汽车,而且都造了很好的试验车。但是,现在的飞行汽车与"飞跃"不同,大多使用多个小型螺旋桨进行垂直起降与飞行,不需要跑道,可以在任何稍微平坦的地方起降。说白了,是无人机的扩大版,称为"eVTOL",确切的定义是"电动垂直起降飞行器"。

所以,今后关于飞行汽车的概念,是否会以"需要跑道起降"或"可以垂直起降"作为评估标准?是否两种概念车并存?还需要行家们来定义。

目前全世界的 eVTOL 飞行汽车,都面临着一个共同的课题,那就是飞行动力问题。

现在已经推出的 eVTOL 飞行汽车,大多数使用锂电池作为动力源,续航距离在几十千米范围内。

日本 SkyDrive 公司开发的 eVTOL 飞行汽车全长 13 米,最多可以搭乘 3 人,由 12 个小型螺旋桨启动,最大起飞重量为 1 400 千克,最高巡航时速为 100 千米,但是,续航距离只有 15 千米,因为使用的是电池动力。

在 2023 年 6 月下旬于日本千叶县幕张会展中心举行的"Japan Drone 2023"上,丰田汽车公司推出了全固态电池。使用这种全固态电池作为动力,SkyDrive 公司的 eVTOL 飞行汽车的续航距离可以增加两倍,达到 45 千米。

本田汽车公司在展览会上展出了混合动力系统,由喷气式飞行系统和电池系统混合构成，使用小型的飞机发动机，但是依然采用小型螺旋桨模式，可以垂直起降。根据介绍，采用混合动力系统的本田 eVTOL 飞行汽车，最长续航距离将可以达到 400 千米，最高巡航时速为 270 千米。

而日本 IHI（石川岛播磨重工业）公司所展示的 eVTOL"Dr-ONE"飞行汽车则采用了燃气轮机动力系统，配置 4 个小型螺旋桨，可以搭乘两人，最长续航距离为 300 千米，最高巡航时速为 240 千米。

上述几家公司均称，这些 eVTOL 飞行汽车都争取在 2025 年的大阪世博会上投入商业飞行，向全世界展示日本在飞行汽车制造领域的新技术。

24. 日本产业复兴之道：量子计算机的崛起

日本经济在 1990 年的泡沫经济崩溃后，超低空飞行了 33 年，最近似乎已经飞出了盲区。

日本 QUICK 企业价值研究所在 2023 年 6 月 7 日发表的调查报告说，除金融机构之外，日本主要的 245 家大企业的 2023 年度纯利润将比 2022 年度增加 5%，达到 318 579 亿日元（约 16 233 亿元人民币）。而在 2022 年度，日本四家上市公司中就有一家的纯利润创下了历史最高纪录。

日本企业的"历史最高纪录"的概念，是超越百年的概念，因为日本大企业的历史一般都在 100 年以上，有的甚至超过 600 年。

6 月 7 日，东京股市的平均股价再创泡沫经济崩溃 33 年来的新高，达到 32 708 日元。

看到这些数据，有人评价说"三十年河东，三十年河西"，日本扛过三年新冠疫情，终于开始走出了泡沫经济崩溃的阴影，出现了复兴的曙光。

日本经济能否开启新的振兴之路，现在进行评价尚属过早。但是，日本的产业复兴，确实在十分扎实地一步一步推进，譬如量子计算机的研发。

3 月，在东京郊外埼玉县和光市举行了一个日本第一号国产量子计算机的正式启用仪式。这台量子计算机是由日本理化学研究所和富士通公司、NTT（日本最大的通信公司）一起研发的。

量子计算机是一种利用量子力学中的量子比特（qubit）进行运算的计算机，它可以同时进行多项计算，在解决复杂问题时有望比超级计算机快1亿多倍。量子计算机有可能在广泛的领域创造变革，包括开发新材料、药物研发和金融市场预测。

目前全球有100多家量子计算公司投入了巨大的人力物力进行研制，加拿大的量子计算公司2011年出售了其第一台量子计算机，美国IBM公司在2019年将其商用量子计算机交付使用，而中国的本源量子公司研发的量子计算机在2021年也已交付用户。

到目前为止，谷歌和IBM等美国公司和中国在量子计算机开发领域处于领先地位。而日本多家公司也一直处于追赶状态，富士通量子研究所所长佐藤信太郎表示："让企业首先使用该技术并积累使用案例非常重要。日本在与美国和中国公司的发展竞争中，几乎已经没有差距。"

日本在超级计算机研发领域一直处于世界领先的地位，日本理化学研究所与富士通公司等共同研发的超级计算机"富岳"连续三年获得世界运算能力第二的荣誉，运算能力可达每秒44.2京次。理化学研究所表示，量子计算机研发领域将与"富岳"研发团队进行全面合作，以便在未来两年，将量子计算机的比特数量从目前的64个提高到1 000个。

日本曾经是电脑的研发制造大国，早在20世纪60年代，日本NEC公司就已经生产销售商用电脑。进入21世纪，索尼、富士通、东芝、松下都是日本电脑制造的主力军，但是，由于中美电脑新兴制造企业的崛起，智能手机的诞生，日本各大企业开始纷纷抛弃电脑制造事业。2011 年，NEC 公司率先将电脑事业卖给了中国的联想集团。

但是，过去十余年，日本这些企业开始出现了卷土重来之势，而由头便是量子计算机。

日本量子计算机研发领域，富士通是急先锋。富士通的量子计算机主要使用消除电阻的超导计算形式，而 NTT 公司正在开发一种使用光学技术的量子计算机，NTT 公司在光学传导领域一直走在世界的前列。

除了这两家公司，日立公司正在研发的量子计算机，采用新型的硅基芯片技术。而 NEC 公司研发的量子计算机，则采用更为先进的退火技术。

值得一提的是，NEC 公司正在实施"重返计划"，重点研发通用量子计算机，并开始构建生产线，希望通过量子计算机的研发，实现 NEC 回归日本电脑产业"鼻祖"的地位。

与量子计算机相关的日本材料企业也在抓紧研发新型材料。三菱化学集团正在开发一款可以提供给量子计算机使用的下一代电池，而 JSR 公司正在研发多种量子计算机的半导体材料。富士胶片公司和东京电子公司正在与开发硬件的富士通公司合作，参与量子计算机核心材料的开发应用。

目前，IBM 量子计算机在量子数量方面全球领先，但是谷歌在低出错率方面保持优势。为了不落后于谷歌，IBM 也加紧应对出错问题。

2023 年 5 月 22 日广岛 G7 峰会期间，IBM 宣布了一项为期 10 年、耗资 1 亿美元的计划——由 10 万个量子比特驱动的量子计算机。

但是，对于 IBM 来说，要实现这一宏伟计划，缺的不是钱，而是量子工程师和组件与通信研究专家。IBM 公司称，他们已经在日本找到了技术的宝地，那就是东京大学。

2023 年秋天，IBM 与东京大学合作，在神奈川县川崎市安装一台最先进的量子计算机。它有 127 个量子比特。而丰田汽车公司、三菱化学集团、索尼公司等都参与了这台量子计算机的演算纠错研究，推动其实用化应用。

英国牛津大学的初创企业牛津量子电路公司（OQC）也已经开始在日本建立研究基地，通过日本基地向云端客户提供量子计算机计算服务。OQC 首席执行官 Wisbey 表示："日本在量子计算机领域拥有大量有影响力的公司和人力资源，我们希望借助日本的优势，加速量子计算机技术的商业应用。"

日本在量子计算机领域能否实现弯道超车，成为世界量子计算机产业的生力军，还有待观察。但是，日本已蓄积了能够撬动这一产业的材料、技术与人才。

25. 索尼细工慢活研发生产"索尼汽车"

2023年发表的索尼经营业绩报告,爆出了一个惊人数据:2022年度营业额创下了公司成立77年来的最高纪录,达到了115 398亿日元(约5 858亿元人民币),比2021年度增加了16%。纯利润也增加了549亿日元,达到9 371亿日元(约475亿元人民币)。

在中国市场,人们已经很少能够看到"SONY"的影子。索尼公司为什么在世界经济处于低迷的情况下,还能够获得如此好的业绩?

根据索尼公司5月18日发表的年度决算报告称,该公司在过去一年中,获利最大的事业领域,主要来自以下三个方面:

第一,电子零部件,主要是高精度传感器和成像技术系统,以及解决方案的提供(I&SS)。

第二,娱乐技术与服务事业,包括电视机、数码照相机、高清摄像机、音响系统和音乐、电影事业(ET&S)。

第三,游戏与网络服务(G&NS)。

从以上三个方面的盈利事业可以看出,索尼的强大在于:既有制造类企业研发制造产品的硬性面,又有提供音乐、电影、游戏等娱乐内容的软性面,这种软硬结合的事业架构使得索尼在任何时候任何情况下都能游刃有余。

与日本其他的家电企业相比,索尼在近几年一直保持了"一枝独秀"的好业绩。

松下电器公司在 2022 年度的营业额比 2021 年度增加了 9 901 亿日元，达到 83 789 亿日元（约 4 251 亿元人民币），但是纯利润只有 2 655 亿日元（约 134 亿元人民币）。

松下电器的问题出在哪里？

松下电器曾经是世界上最大的车用电池的制造商，但是，它犯了一个重大的战略性错误，没有预估到电动汽车（EV）市场潜力会有如此强劲，而是早早地在车载电池技术领域放慢了脚步，使得车载电池领域很快被中国宁德时代超越。目前，松下电器的业务范围依然围绕在白色家电、利用人工智能（AI）和其他技术强化工业物联网（IoT）构建上，车载电池变成了追赶的角色。

而夏普公司因为电视机和手机市场的低迷，销售量出现下滑，2022 年度出现了 2 608 亿日元（约 135 亿元人民币）的赤字。东芝目前还处于艰难挣扎状态。

索尼之所以被市场看好，主要是因为它能不断地推出"软硬"融合产品，譬如索尼汽车。

索尼利用自己先进的传感器技术和成像技术，研发出充满自信的自动驾驶汽车系统。索尼拿这套系统与老牌的本田汽车公司合作，合资成立了汽车制造公司，计划在 2025 年推出"令人惊艳"的索尼汽车。这款汽车除装有世界领先的自动驾驶系统之外，另一大卖点是在前排的座位前安装了全频的显示屏，用于收看索尼电影公司和音乐公司独自提供的高清的电影和电视。而且整辆汽车的音响系统也是 360 度，让索尼汽车变成一个高保真的"家庭影院"。

索尼公司说，这款汽车要实现"CASE"，即：

Connected（连接），汽车的物联化，实现汽车与周边状况、道路状况等信息，通过网络实现共享。

Autonomous（自动驾驶），实现最高5级的完全自动驾驶，使得汽车驾驶的主体由"人"变成"车"。

Shared & Services（分享与服务），汽车由"个人所有"变成"大家共有"。

Electric（电动化），采用电动系统，为脱碳社会的建设贡献力量。

当人们担心，等索尼细工慢活在2025年推出第一代"索尼汽车"的时候，会不会"黄花菜都凉了"？但是索尼公司回应说"好酒不怕巷深"，一种"口袋有钱，不求小利"的自信。它卖的不只是汽车，而是独自研发的全自动驾驶系统和汽车音像娱乐系统。

在决算报告发表会上，索尼公司宣布，2023年开始的三年时间里，将投资1万亿日元（约508亿元人民币）用于扩大半导体领域的投资。因为索尼公司看到，当智能手机出现饱和，SNS社交网络和订阅模式也正在走向停滞的情况下，未来世界更多需要的是"软硬结合"，也就是时尚又先端的设备加上丰富精彩的内容相结合的产品，因此，索尼的努力方向便是人工智能技术、家庭物联网的构建和CASE（互联网连接、自动驾驶、信息共享和电动化）在汽车中的使用。

过去10年，索尼抛弃了电脑、家电，大幅缩减了电视机和手机制造事业，走上了一条"少要面子，多要里子"的改革之路。

但是，我们也看到，经过10年的产业结构调整，索尼如今又开始回归"既要面子，也要里子"的发展之路，也就是说，索尼将会不断推出印有"SONY"标志的产品，并为这些产品提供索尼制作的各种娱乐内容，把索尼改造成为与人们的生活息息相关的"感动世界"生活服务公司。

26. 日本人如何经营养老院

2024年5月，我陪同山东的企业家考察了东京的一家养老院。

这家养老院刚建成几年，一切都还是新的。养老院的理事长野村先生是日本医科大学毕业生，行医几十年，对于转行办养老院，很是得心应手。

东京新开的这家养老院是野村先生经营的第8家养老机构，不过，这家养老机构与众不同的是，它采用了"自立支援介护"理念，收养的老年人大多数是有行动障碍者，甚至重度病瘫老人。

这家养老院的办院理念就是要通过特殊的训练，让行走困难的老年人能够站起来自主行走，恢复正常的身体机能，提高自己的生活品质，实现生活自立。

整个养老院占地面积4 000平方米，净建筑面积为6 000平方米，由两栋5层楼高的建筑组成，还有一处空中花园。

我很好奇，这家养老院是靠什么挣钱的？

养老院给我看了一份报告，这家养老院的建设费用和设备购置费用的58%是由东京都政府和养老院所在的区政府为主补助的。也就是说，经营者只需要准备四成的资金即可，而这四成资金也通过银行长期低息贷款（年利率0.4%）解决，自有资金的比例仅为1%。

这就意味着，经营者只需要极少部分的启动资金，就可以把养老院建起来。

当然这里有一个前提，那就是事业经营者本身有很好的经营养老院的经验和规模。

这家养老院约入住了150名老年人，其中包括部分低收入老年人和痴呆症老年人。

那么，老年人入住这样的养老院，每个月需要支付多少钱？

首先，老年人均可享受政府的护理保险制度，护理服务费的90%由政府承担，个人只需要承担10%。

日本的护理标准是按照老年人的行动能力，确定为1~5级。5级最高，基本上就属于瘫痪老人。

这家养老院的收费标准是，如果是最高5级的瘫痪老人，其一个月个人负担的护理服务费，如果住单人间的话，是27 300日元（约1 370元人民币），平均一天910日元（约46元人民币）；如果住双人间的话，为24 870日元（约1 250元人民币），平均每天是829日元（约41元人民币）。

作为入住养老院的老年人，只有两笔钱是需要个人承担的，一笔是住宿费，另一笔是餐饮费。以住单间为例（净面积约25平方米，带独立卫浴），住宿费每月为59 100日元（约2 969元人民币），平均每天是1 970日元（约99元人民币）；如果是住双人间，那么，一个月的住宿费只需要25 200日元（约1 266元人民币），每天平均840日元（约42元人民币）。

餐饮费是统一标准，一日三餐，每人每月为41 400日元（约2 080元人民币），平均每天为1 380日元（约69元人民币）。

也就是说，入住这么一家设施齐全、服务周到的养老院，包括护理费、住宿费和餐饮费，每个月个人需要承担的费用实际上只有 8 万～12 万日元（约 4 000～6 000 元人民币）。

这家养老院的负责人说，养老院不会赚老人的饭钱和住宿钱，只赚护理服务费，而护理服务费的 90% 是由政府的护理保险支付的，个人只是承担很小一部分。

参观了这家养老院后，我感悟到日本养老事业之所以能够做得成功，其根本的原因是养老院赚的是政府的钱，而不是老人的钱。

一位瘫痪的老人一个月只需要支付 1 000 多元人民币，就能享受包括泡澡洗澡在内的全套护理服务，自然，老年人的满足度和幸福指数非常高，养老院与入住老人的关系也十分融洽。如果一位老年人一个月要拿出 1 万多元人民币入住养老院，老年人和家人的心态自然会是"挑剔"。

所以，从这个意义上说，日本的这套养老院的经营理念和管理制度，搬到中国去就不一定会成功，因为发展阶段和养老制度不同。但是，如果中国的养老院愿意把日本的"自立支援介护"的理念学过去，倒是可以造福不少行动不便的老年人，让他们活得更自由更自尊。

"养老"是一种福利事业，如果把它做成"产业"，那一定会跑偏。

27. 日本开启"全自动驾驶时代"倒计时

日本最近在捣鼓全自动驾驶。不只是汽车，还有新干线列车，甚至磁悬浮列车。

其实，日本的全自动驾驶搞得比较早。早在 1995 年，第一条全自动驾驶的铁路列车线"ゆりかもめ"（百合鸥）就在东京湾投入使用，这条铁路列车线全长 14.7 千米，共设置 16 个车站，最高时速为 60 千米。安全运营 28 年，至今没有发生过交通事故。

汽车进入新的百年时代，如何解放司机，让汽车成为一个自动移动的空间，这是全世界造车人都在努力的方向。日本是世界汽车王国，自然也不愿意落后，从 2021 年开始，本田汽车公司推出的新款汽车，已经搭载 L3 级的"安全驾驶支援系统"。而丰田汽车公司有些保守，新款雷克萨斯车搭载的"安全驾驶支援系统"还只称"L2.5+"，但是，丰田同时推出了 L4 级的自动驾驶汽车"e-Palette"（e-调色板），在 2021 年的东京奥运会期间，在选手村里已经投入使用，但最高时速仅为 19 千米。我搭乘了一次，感觉概念很先进，速度很初级。

一个通俗的说法是，L3 级自动驾驶系统，可以实现在高速公路上点对点的自动驾驶。譬如从上海到南京，只要上了高速，就可以依托这一系统实现自动驾驶。至于你有没有胆量使用，则另当别论。

L4 级自动驾驶系统可以在交通状况复杂的市区道路上自动

驾驶。而一旦实现了L5级,那么,只要你设定好要去的目的地,可以躺着玩手机,汽车会把你安全送到。

日本从2023年4月开始,根据修改后的《道路交通法》,允许搭载有L4级自动驾驶系统的汽车上路。从这一点可以看出,日本政府推进"全自动驾驶时代"的力度不低。

2021年5月21日,从东京至新大阪的东海道新干线上,驾驶员因为剧烈的腹痛,忍不住要上洗手间。但是因为驾驶员只有他一个人,所以,他临时请列车长进入驾驶室帮忙值班。但是列车长没有新干线列车的驾驶证,在驾驶员上洗手间的5分钟时间里,高速奔驰的新干线事实上处于无人驾驶的状态,并安全停靠前方车站。

此事由铁道公司公布后,引起公众的很大担忧,甚至有不少人质疑铁道公司的安全管理能力。

JR东日本铁道公司称,事实上,现在的新型新干线列车均已配置了自动驾驶系统。

2023年11月17日,JR东日本铁道公司实施了新干线列车的自动驾驶,在新潟县的上越新干线新潟车站到新潟新干线车辆中心之间5千米路段往返实施的,试验列车有12节车厢,最高时速控制在110千米左右,自动驾驶的等级为最高的"G0A4"级。

在整个试验中,实施了对新干线列车的远距离操控,并且使用自动驾驶系统进行了自动加速、减速的测试。同时对新干线列车进站时的精准位置停车进行了检证,结果显示列车停得十分精准。

2024年3月，日本的另一家铁道公司——JR东海铁道公司社长金子慎举行记者会，宣布到2028年，连接东京与大阪之间的东海道新干线列车将实施全自动驾驶。只要驾驶员摁下出发按钮，列车就进入自动驾驶状态，除非遇到紧急情况，才有驾驶员实施人工操作处理。

其实，JR东海铁道公司从2021年11月已经悄悄地开始了新干线列车的自动驾驶行驶试验，因为最新型新干线列车"N700S"上已经安装了自动驾驶系统。

从理论上说，无论是JR东日本还是JR东海，这两家铁路公司都已经具备了实施新干线自动驾驶的技术和系统。但是，他们还是决定要推迟到2028年，才正式实施全自动驾驶。金子慎社长说，一方面要对自动驾驶系统进行反复地测试，确保万无一失；另一方面，对于希望型、光型等旧型新干线列车实施系统改造，以确保所有的现有列车都能够实现自动驾驶。

除新干线之外，JR东日本铁路公司还将对所有的轻轨列车、城际列车实施自动驾驶的系统改造，陆续开始实施自动驾驶。

2021年3月，JR东日本铁路公司开始在常磐线列车上实施自动驾驶。常磐线列车属于跨境城际列车，由东京都始发，经千叶县、茨城县和福岛县，抵达东北地区的宫城县岩沼市。但是，常磐线列车目前的驾驶室内依然有驾驶员监控行驶状况，因此还属于半自动驾驶状态（GOA2级）。JR东日本铁路公司称，在完成地面设施无线控制系统（ATACS）和沿线自动行驶管控系统（ATOS）的构建后，将可以达到GOA3等级，驾驶员不需要在驾驶室内伴驾，在列车的中部工作室内就可以通过无线操控，实施完全的自动驾驶。

日本计划在 2030 年前，实现所有轨道交通的全自动驾驶，包括最高时速达到 600 千米的磁悬浮列车（2027 年开业），令日本社会真正进入"自动驾驶时代"。

28. 日本"半导体王国"的复活战略

人类社会进入 AI 时代，产业与社会生活的核心基础便是半导体技术。谁能拥有尖端的半导体产业链，谁就坐拥天下，也就意味着拥有未来。

20 世纪 80 年代，日本曾有世界"半导体王国"之称，因为日本生产的半导体产品与设备，占据了世界 50% 以上的市场。但是，日本半导体产业的强盛威胁了美国的利益，于是，《广场协议》导致的日元升值、不平等《日美半导体协议》的签署、生产基地向海外转移等原因，导致日本在进入 21 世纪后，半导体事业开始凋零，2019 年时，全球市场份额只剩 10%。以至于当人类社会迎来 AI 时代时，日本发现自己已经落伍于世界。

其实，在整个世界半导体产业链中，日本并不落后。目前，在半导体材料领域，日本占据了世界 55% 以上的市场份额，位居首位。而在半导体设备制造领域，日本仅次于美国（40%），位居世界第二（35%）。

日本有半导体材料、有半导体制造设备，但是缺少尖端的半导体技术，尤其是芯片研发与制造技术。这就是日本目前在半导体产业发展中的困局。

这种困局在三年新冠疫情期间表现得更为突出，因为汽车芯片供应链的断裂，丰田、日产、本田等日本汽车制造企业在日本国内的生产线不得不几度停产，单是丰田汽车公司一家的年生产量就减少了约 50 万辆。

如何解决技术问题？

日本政府采取了三个战略：

第一，吸引世界先进的半导体技术企业入驻日本，搞联合研发。首先引入的是中国台湾企业台积电（TSMC），台积电目前是世界上最大的芯片制造企业之一，日本政府出资，于2021年在九州地区的熊本县菊阳町建成了第一工厂，第二工厂目前也在筹建中。其次是引入美国IBM公司，与日本合资研发芯片技术。

第二，日本经济产业省牵头，组织了NTT（日本最大电信公司）、丰田汽车、索尼、铠侠、NEC、软银和电装等八家日本与IT相关的制造业、AI技术研发公司各出资680万美元，日本政府也提供5.1亿美元的补贴，于2022年8月组建了Rapidus公司，独自研发与制造日本国产的尖端芯片。

第三，NTT公司为主研发光电核聚变技术，在计算机的计算中使用光来减少电力消耗，提供大容量的通信和庞大的计算资源，实现"IOWN"（创新光学和无线网络）构想，建设一个网络与信息高速节能处理的新一代产业与社会基础设施。

Rapidus公司经过半年的筹备，于2024年2月28日宣布，将在日本北海道新千岁机场附近建造一家最先进的半导体制造厂，计划在2025年开始试生产"2纳米(2nm)"级别的半导体，以便助推日本的超级计算机和自动驾驶等延伸技术产品的研究与发展。前期投资金额为5万亿日元（约2540亿元人民币）。

Rapidus公司为何没有去熊本县扎堆，而是选择了北海道？该公司称，选择北海道的决定性因素是因为北海道有生产半导体所需的优质水资源，以及新千岁国际机场和发达的高速公路，令人安心的生活环境和丰富的可再生资源。

日本的半导体材料与设备制造企业大多集中在三重县、山梨县、岩手县、兵库县等地区。如今，台积电在西南部的熊本县建设最大型芯片制造基地，而日本 Rapidus 公司在最北端的北海道建设芯片制造基地，从而形成了南北两端开花，中间集聚的半导体产业新格局。

2025 年，对于日本半导体产业来说是一个重点节点。台积电和 Rapidus 都将同步推出 2 纳米半导体，也将在此后几年内实施规模性量产。

而对于日本 NEC 等 IT 企业来说，能否实现量子计算机的量产，重回"日本电脑鼻祖"的宝座，重振日本计算机产业，2 纳米半导体技术显然是一大关键。

29. 日本企业都在研发哪些先端电池

2023年10月,丰田汽车公司发表了一条消息,该公司计划于2027年向市场投放"全固态电池"的纯电动汽车(EV)。这种全固态电池充电不到10分钟,即可行驶约1 200千米,而且电池耐用年限可达10年左右(目前锂电池一般为3年)。

随后,本田、日产等汽车公司也在东京车展上推出了全固态电池汽车,宣布日本EV将跨越锂电池,直接进入全固态电池时代。

EV发展到今天,电池材料与技术一直是关键,充一次电能跑多少千米?电池能够使用多久?一直是人们关心的问题,也是决定电动车发展命运的大问题。

目前的锂电池汽车的最大续航里程为600千米~700千米,如果快速充电30分钟,也只能充到80%,按照设计里程,一般的锂电池汽车的实际行驶里程最多也只能跑500千米(不开空调的前提下)。EV的续航能力不及燃油车和混合动力车,使得人们对于EV的发展前景持谨慎态度。

如果性能优异的丰田全固态电池能够取代目前的锂电池,成为下一代电动汽车的新动力能源的话,无疑将会为EV产业的发展注入强劲的推动力。

全固态电池与目前EV使用的液态锂电池不同,电解质是固态的,其特点是充电时间短,续航距离长。在全固态电池的研究领域,丰田汽车公司一直处于全球领先的地位,拥有的专利多达1 000多项，是第二名专利数的3倍。早在2020年，丰田就推出了全球第一辆使用全固态电池的试验车，并获得了车牌。

在静冈县丰田东富士研究所召开的技术说明会上，担任丰田汽车公司CTO（首席技术官）的中岛裕树副社长表示，丰田的全固态电池已经克服了耐久性问题，技术不会落后于时代，一定会实现实用化。

他透露说，丰田全固态电池EV将会在2027年推向市场。而丰田同时也将会把全固态电池用于混合动力车（HV）上，使得HV车也能够在充电十分钟的情况下，把续航能力提高到1 500千米。

不仅是丰田汽车公司，日产汽车和本田汽车也宣布将会在2028年前向市场投放全固态电池EV。从全固态电池的专利数来说，丰田位居世界第一，松下电器位居世界第二，在前五名企业中，有四家是日本企业。日系全固态电池的崛起或许将改写全球EV市场的势力版图。

那么，全固态电池是否就是EV的"终极革命产物"？结论并非如此，目前，日本企业还在研发更为先进和多样的电池。

以盛满正嗣教授领导的同志社大学研究小组正在研发锌电池，计划在2025年前后推出。

东京理科大学驹场慎一教授领导的研究小组正在开发钾离子电池，目标是3 000次充放电。

九州大学正在开发采用氟离子电池和氯与溴离子电池。其中氟离子电池的存储电力的容量将大大超过目前的锂电池，有望达到锂电池的3倍。

另外，日本多家企业正在努力研发空气电池。

人类今后要解决的课题并不只是电动汽车的续航能力，更是要解决电动飞行汽车的续航能力。

汽车要飞行约1小时，需要每升450瓦时以上容量的电池。对于锂离子电池来说，300瓦时已经是天花板。如何能降低电池的重量，提升电池的存电容量，这是关键。而占锂电池整体重量近一半的电极（正极）将对轻量化构成阻碍。

空气电池就是利用从空气中获得的氧气取代正极，然后与利用锂金属制造的电极结合，这样可以大大减少锂金属对电池空间的占用，使得空气电池不仅体积小，续航能力强，而且重量也仅为现有的锂电池的1/5。

日本电池企业FDK已经研发成功将镍氢电池的正极改为空气的氢空气电池。

另外，日本电池企业APB正在研发"全树脂电池"，主要材料采用轻量的树脂，用这种材料制造锂电池，比同类型的锂电池要轻两成，如果再在电极原料等方面下功夫，完全可用于飞行汽车和无人潜水艇。

1800年，意大利物理学家伏特教授发明了世界上第一个电池。第二年，拿破仑在巴黎看了他的电池表演后，封他为伯爵。后人为了纪念他在电学上的贡献，将电压的单位以他的姓氏命名为伏特。

在现代，镍镉和镍氢等电池已经得到普及。1991年，索尼公司研发的锂电池问世，并在全球率先实现了商业化。毫无疑问，2030—2040年，人类将会发生新一代电池的代际更替。

以宁德时代和比亚迪为首，中国在新型电池开发领域也一直走在世界的前列，统计过去10年相关专利数量，中国位居首位，占到全球总量的一半以上。特别是在被视为最有可能替代锂电池的钠离子电池方面大幅领先日美。而日本着眼于下一代电池的研发，在技术领域保持了后发优势。所以，在未来五年内，谁能成为全球新型电池的头号选手，中日两国必将是最主要的竞争对手。

30. 川崎重工如何将澳大利亚氢气超低温运回日本

日本从20世纪90年代开始研究氢能源（日文写作"水素"），当初，丰田汽车公司只是想把它作为一种汽车新能源进行开发。经过近20年的基础研究和氢能源制造、运氢与加氢环节的配套，丰田汽车公司的第一代氢能汽车"Mirai"于2016年正式投入市场销售。2020年，第二代"Mirai"氢能汽车上市，加氢三分钟的行驶里程也从第一代的650千米增加到1 350千米（在南加州的实际行驶里程）。

但是，仅仅把氢能源作为汽车新能源是不够的，日本政府的目标很明确，那就是：氢能源要取代煤炭、取代天然气，成为国家的新基础能源。

而日本企业正在拓展氢能的应用领域，不只是将氢能源视为"新能源"，更在于它的"动力"价值。正因为如此，日本企业目前已经在研发氢能汽车发动机、氢能飞机发动机、氢能运载火箭、氢能新干线列车和氢能巨轮。

而要实现这一宏大的产业发展目标，最需要解决的问题是氢能的制造与氢气的液态化，从而实现氢能源制造应用的三大目标：

"可移动"——可搬运到任何地方使用。

"可制造"——可以利用任何一种能源进行生产。

"可储存"——作为绿色能源可以长期储存。

在实现这三大目标的征程中走得比较远的日本企业是川崎重工集团。

川崎重工全称川崎重工业株式会社，它起家于明治维新时代，1878年，川崎正藏建立了川崎筑底造船所，这就是川崎重工的前身。1906年，该公司向日本海军交付了第一艘国产潜艇，并于当年建造了第一台国产蒸汽机车。1939年，公司更名为川崎重工株式会社。第二次世界大战期间，该公司制造了一系列战斗机，还建造了著名的"榛名号"战列舰和"加贺号"航母。目前，川崎重工也是日本主要的军工企业，仅次于三菱重工，是日本自卫队战斗机和潜艇的主要制造商。2004年，川崎重工向中国中车集团输出了新干线列车制造技术。

川崎重工制造的最新新干线列车"N700"系列，最高时速达到363千米。

目前，川崎重工集团涉猎的产业主要是航空宇宙、铁路车辆、建设重机、机器人、船舶、机械设备等的制造。

但是，从2015年开始，川崎重工就将氢能源产业作为公司未来的核心产业予以培育，其中投入力量最大的是制氢，因为没有氢能的保障，就无法拓展相关产业。

川崎重工的制氢工厂不在日本，而是在澳大利亚。

澳大利亚有一种褐煤，又名柴煤，是煤化程度最低的矿产煤。一种介于泥炭与沥青煤之间的低级煤。化学反应性强，在空气中容易风化，不易储存和运输，燃烧时对空气污染严重。

川崎重工看上了这种可利用价值极低的低级煤，在墨尔本以东约135千米的Latrobe Valley（拉特罗山谷），与澳大利亚的 AGL 能源有限公司等合作建造了氢气制造工厂，每天可从褐煤中提取 770 吨的氢气，一年的生产能力可达 25 万吨，满足 300 万辆氢能汽车用氢所需。

如何将在澳大利亚生产的氢气运回日本？

川崎重工拿出了压箱底的技术——气体液化技术。

20 世纪 60 年代，川崎重工就研发出液化天然气技术，1967 年，川崎重工从阿拉斯加把液化天然气（LNG）运到了日本。如今，川崎重工要将这一技术用于液化氢的开发与运输。

液化氢的密度比气态氢密度高出 845 倍，氢气由于气化潜热低，液化难度很大。川崎重工通过预冷、节流和换热等过程，将氢气液化，冷却在零下 253 摄氏度状态中保存。同时采用制造保温杯的双重真空隔热构造材料与原理，打造了巨型圆球液态氢储存罐，建造了世界上第一艘液化氢运输船。

2023 年 1 月，川崎重工的这艘运氢船从远离日本 9000 千米的澳大利亚将液化氢运到了神户港，并储存到神户氢能储存基地。

川崎重工称，液化氢可以长期储存，由于采用了特殊的双重真空材料与结构，储存在特殊气罐中的液化氢，其温度始终可以保持在零下 253 摄氏度左右。

澳大利亚的褐煤储量可开发 240 年，川崎重工计划扩大在澳大利亚的氢气制造量，从目前的一年 25 万吨增加到 100 万吨。为此，川崎重工正在打造大型液化氢运输船。

川崎重工集团的桥本康彦社长表示，第一代的液化氢运输船的一次运送能力只有 75 吨，约可满足 1.5 万辆氢能汽车的使用。川崎重工正在建造的第二代运氢船比第一代运氢船扩大了126倍的气罐储量,一次可以搬运16万立方米约1万吨液化氢,将运输成本从目前的每标准立方米170日元(约8.8元人民币)大幅减少到89日元(约4.6元人民币)。最终通过频繁运输,最终将成本降低到每标准立方米3日元(约0.16元人民币)。这样一来,氢能成本是汽油成本的20%,不仅会是人类最绿色环保的能源,同时也是最廉价的能源。

桥本社长说,日本"氢能社会"的建设目前还处于准备期,预计到2030年将会进入全面发展期,日本一年的氢能使用量将会达到300万吨。而到2050年,将会达到2 000万吨。日本目前一次能源消费量为每年2 000万吨,这就意味着,到2050年,氢能源将完全能够满足整个社会的能源所需,实现百分之一百的氢能社会。

桥本社长表示,目前川崎重工一年的产值为1.5兆日元(约779亿元人民币),但是到2050年,氢能产业的营业额将突破2兆日元(约1 039亿元人民币),氢能将成为川崎重工集团核心的支柱产业之一。

从川崎重工注重于氢能产业的例子中,我们可以看到日本氢能产业的发展方向与"氢能社会"的建设目标。

31. 撬动日本新产业的三大应用技术

当今的日本，在双碳经济、数字化转型（DX）、可持续发展等一系列社会与产业改革的驱动下，有哪些新技术将撬动新产业的发展呢？

我在给中国企业家访日游学团讲课时，特别提到了其中的三项新应用技术。

第一项技术：碳化硅（SiC）功率半导体进入普及期。

SiC 作为第三代半导体材料，具有较宽的禁带宽度、高击穿电场强度、高热传导率和高电子饱和速率的优异物理性能，使得 SiC 功率半导体器件具备耐高压、耐高温等显著优势。

SiC 功率半导体可以降低工业设备的功耗，在全球减碳化社会趋势的背景下，其需求量正在增长。虽然 SiC 功率半导体主要用于光伏发电、轨道交通和工业设备，但从 2011 年起，已被日本和国外的电动汽车（EV）采用。因为 SiC 功率半导体开关速度快，可用于将交流电转换为直流电并调节电压。它可以使车辆中的逆变器小型化，有效满足电力电子系统的高效率、小型化和轻量化要求，并增加电动汽车的续航里程。

丰田汽车公司已经在 2020 年开始销售的第二代氢能汽车"Mirai"中使用，在 2023 年推出的高级电动汽车"雷克萨斯 RZ"中也使用了 SiC 功率半导体。

日本 SiC 功率半导体材料和系统零部件的主要制造商是 ROHM（罗姆）、富士电机和日立电力设备公司，这些公司已经获得了国内外电动汽车的诸多订单。从 2023 年开始，日本将进入 SiC 功率半导体全面普及期。

第二项：下一代光通信技术"IOWN"启用。

日本最大的电信公司 NTT 计划从 2023 年 3 月开始提供下一代光通信技术"IOWN"，开启下一代光通信时代。

"IOWN"（Innovative Optical & Wireless Network）是 NTT 构建中的基于光学的创新概念，目的是支撑智慧城市时代庞大数据系统的快速处理。"IOWN"是研发 6G 所必需的一项关键技术。NTT 的 IOWN 技术有望把光通信网络的传输容量扩大 125 倍，把端到端延迟降低到目前的 0.5%，并且有望把能耗缩减至目前的 1%。

在"IOWN"构想的世界中，任何关于事物和人的数据都会由 AI 收集并分析，从而在网络空间中创建出虚拟世界。除了汽车的运动或者建筑物的耗电量这些直观的现象，一个人的情感和价值也能够被数据化并且被网络进行分析，根据不同的参数变化在虚拟世界中模拟出另一个独立而又完全不同的人，这种技术如果可以实现，将为现实生活中的人模拟出当下做出不同选择后产生的不同结果。

传统的网络通过不断转换电力和光来传输数据，而 APN 使用光将数据从网络传输到终端，而不将其转换为电信号。除将通信延迟降低到传统水平的 1/200 之外，每根光纤的传输容量还可以增加 1.2 倍。它将被广泛用于远程手术、智能工厂、电子竞技和数据中心（DC）之间的连接。

NTT 的下一代光通信技术"IOWN"的最大目标是实现"光

电融合",即半导体芯片使用光而不是电来处理信号,目前,NTT已经开发出一种超宽带基带放大IC模块和数字信号处理技术,实现了世界上最快的光传输,每波长超过2 Tbits/s。

第三项:废旧化学品的如新技术应用。

在资源再生领域,一直有一个难以攻克的难关,那就是塑料类的化学制品进行回收利用时,如何实现品质如新?

目前,日本对于废旧塑料的主要回收方法是材料回收,即把废旧塑料洗净、切碎、熔化,然后返回到材料(颗粒)中进行再加工。但这种回收方法有一个缺点,就是要严格分离各种类型的塑料,这会非常耗时,同时,重复回收会降低塑料的质量,限制回收塑料的使用。

日本开发出一项化学制品的"如新技术",可以将废旧塑料回收加工后,其质量达到与新塑料材料相当的品质。这项技术将在2023年得到广泛应用,会大大节约塑料等化学原材料的使用量,为节能减碳、美化地球环境做出贡献。

目前,日本住友化学公司已经完成了丙烯酸树脂的示范设施,并将在2023年春天开始供应样品。三菱化学公司计划在丙烯酸树脂炼化设施的基础上,建立一个将各种塑料回收成油的示范设施,该设施也在2023年度投入使用。

32. 二维码发明者正在研发可储存大数据的新码

当二维码已经成为我们生活中不可缺少的存在的时候，我们有没有想过一个问题：这个复杂的二维图案到底是谁发明的？

它的发明者名叫原昌宏，一位日本工程师，今年67岁。

原昌宏先生出生于1957年，1980年从法政大学工学部电气工学科毕业后，进入了丰田汽车集团的汽车零部件制造企业——电装公司（DENSO）工作，并直接参与条形码的开发。1987年，世界第一台将条形码扫描仪、电脑、电池等融为一体的条形码终端，由电装公司研发成功，并正式投入使用。

但是，读取条形码的工作本身成了工作人员的负担，反而影响了汽车零部件的管理效率。因此，现场要求解决问题的呼声日益高涨。

1992年，原昌宏先生开始研发新码。但是，思考了好久，就是找不出能够容纳大量信息的新码。

就在他冥思苦想之际，有一天午休时间，他看到几位同事在下围棋，这黑白棋子的布局给他带来了极大的启发，原来二维码可以是正方形，而不是横条形，就像围棋那样，黑白相间。

二维码（QR码）的信息量是条形码的200倍，相当于7089位数字，信息记录密度是条形码的40倍。二维码还能表现日语中的平假名、片假名、汉字、拉丁字母，还支持中文和韩文等文字。

1994年，二维码正式取代条形码成为电装公司汽车零部件管理的新码。那一年，他37岁。

作为职务发明，原昌宏先生发明的二维码由电装公司向日本专利厅申请了专利。

但是，无论是原昌宏先生，还是电装公司，都没有发现二维码里蕴藏的商机，所以就主动开放了二维码的使用权。

在日本，二维码首次走出汽车零部件管理仓库作为非物品管理条码应用是在2000年，当时，二维码作为手机摄像头读取网站的手段而在日本普及开来。

2001年，中国人王越在日本工作期间首次接触到二维码，通过研究，王越感觉二维码将是未来智能手机时代人与信息的重要入口，为此他从日本辞职回国创业，创办了北京意锐新创科技有限公司，研发出世界第一款手机二维码引擎，并申报了中国国家专利。

这几年，二维码不仅成为中国的一种电子支付手段，而且还延伸出许多的扫码服务。同样，日本也从中国普及二维码中得到启发，目前，扫码支付也开始在日本流行起来，坐出租车可以扫码，而且还可以扫中国的支付宝和微信。从24小时便利店、百货公司，甚至是政府服务中心和新干线与地铁售票，都可以使用二维码支付。

所以，对于日本来说，使用二维码支付，大有外嫁的媳妇回娘家的喜庆感。

那么，发明二维码的原昌宏先生，现在在干什么呢？

他现在依然在电装公司上班，担任主任技师，还在研究新码。

原昌宏先生说:"将来的新码,不仅能存储文字信息,还能存储影像和图像等大数据。"

据悉,新码已经研发出来了,目前正在改良完善中。原昌宏先生说:"做什么事都需要努力,说不定自己会改变世界。"

33. 波音氢能大客机为何放在日本研发

2022年8月1日，美国波音公司宣布在日本名古屋设立研究开发中心，重点研发以脱碳为主题的下一代飞机新技术，包括SAF(可持续航空燃料)、氢动力技术、机器人技术、自动化及碳纤维复合材料等领域的技术。说白了，就是研发氢能源大客机。

日本经济产业大臣萩生田和波音公司首席工程师格雷格·希斯洛普在研究开发中心成立的协议书上签了字。据悉，这是波音公司在海外设立的第一个研发新一代客机的机构。

波音公司为什么会把研发氢能源客机的基地放在日本，而且是放在名古屋呢？

以下几个重要因素让波音下了这个决心：

第一，名古屋是日本研究氢能源的高地。

氢能源动力的研究与应用始于丰田汽车公司，而丰田汽车公司的发祥地与总部就在名古屋。同时，丰田的氢能源研究机构也在名古屋。所以，名古屋不仅是日本氢能源的研究高地，也是世界氢能源的研究高地。

第二，名古屋是日本新机体材料的研发制造中心。

传统客机的机体大多数是使用铝合金材料制造，但是，波音公司近几年推出的新型客机波音787和波音777的机体材料，已经不是铝合金材料，而是碳纤维复合材料。碳纤维复合材料的主要特点有五个：其一，比铝合金材料还要轻约30%；其二，强度比铝合金材料还要高出 8 倍；其三，一般的高分子复合材料的最高耐温极限为 250°C，碳纤维复合材料是 450°C；其四，碳纤维复合材料的隔热保温性能要比铝合金高出约 40%；其五，碳纤维材料可以一次性压模成型。

也就是说，用碳纤维复合材料制造出来的客机，不仅节省能耗，而且更牢靠、更安全。在同样满罐燃油的情况下，碳纤维复合材料制造出来的飞机比铝合金制造出来的飞机能多飞 30%。也就是说，中距离客机可以飞出长距离的航程。

那么，全世界碳纤维复合材料研究与应用做得最好的是哪个国家？是日本。日本最大的纺织材料企业"东丽"公司是世界上最大的碳纤维生产企业，波音 787 和波音 777 的碳纤维机体材料就是由东丽公司研发提供的。

第三，名古屋是波音新型客机的机体制造中心。

如果你靠窗坐过波音 787 客机，细心一点的话，你不仅会发现机翼是漂亮的弧线"鲨鱼翅"，而且机翼上很少有铆钉。为啥？因为波音 787 客机的机体是用碳纤维复合材料做的。

波音 787 客机的机体是用碳纤维复合材料分三段，一次性压模成型，然后拼装而成。本来使用铝合金材料做机体，至少有 1000 多个必须使用铆钉连接固定的地方，而碳纤维材料机体只有三处。又譬如复杂的机翼，铝合金的机翼需要有 100 个铆钉固定处，而碳纤维机翼只有 10 个。这不仅大大提高了飞机的安全系数，同时，可以实现飞机的量产化。你需要多少架客机，30 万吨的巨型压模机就给你压多少次，大大降低了飞机的制造成本。

波音787和波音777客机的机体就是在名古屋制造的。在名古屋中部机场边上有一个航空工业园区,那里就有波音碳纤维机体制造中心。在名古屋造好,再用大型运输机运往美国拼装。

其实,波音公司把氢能源客机的研发基地放在日本,还有一个重要因素,就是日本川崎重工业株式会社(简称川崎重工)。

汽车的氢能源动力系统(电推)是由丰田汽车公司研发的,飞机的氢能源动力系统目前研发能力最前卫的是川崎重工。

川崎重工从潜水艇到宙斯盾级护卫舰、轻型航母,从导弹制造到宇宙航天事业,几乎什么都做。其主要的制造研发基地在名古屋附近的关西地区,尤其是神户市。

近10年来,川崎重工构建氢能源产业体系,尤其致力于氢能源飞机与船舶、新干线动力系统的研发。

波音公司的战略是,利用日本的氢能源动力技术和轻盈牢固的碳纤维材料,加上一次性压模成型的机体制造技术,在2030年前后,让下一代的氢能源大客机飞上蓝天。

可以预估,氢能源技术将会培育出引领日本未来经济与社会发展的新产业支柱。

任何新产业的形成一定是以新技术为基础的,没有引领世界的新技术的系统性储备,光有资本是不行的。

34．日本农村的新经济业态"道之驿"

去北海道农村，最喜欢逛的地方便是"道之驿"。

这是一个什么样的地方？

严格讲起来，是一处综合商业服务设施，可以用"农村超市+高速公路服务区"来形容。

"道之驿"最初兴起于20世纪90年代，所谓"驿"，顾名思义就是供人休息和过夜的地方。

当时日本全国掀起了道路交通的建设热潮，开长途车的司机因为得不到很好的休息，疲劳驾车导致交通事故频发。

最初想给司机们建"道之驿"的，是新潟县新潟市一个叫"丰荣"的村落，那是国道7号线的一个出口，这条道不属于高速公路，但属于一条重要的国道线，来往车辆不少。当地村政府和农业协会合作，建设了一个司机休息站，不仅提供简易的住宿，还开了拉面店，同时出售当地的农副产品，设置了厕所、电话亭，实施24小时服务。

这种设施模式很快被日本政府发现，觉得不仅可以减少交通事故，同时也可以活跃地方经济，于是开始在全国推广。

但是，后来因为高速公路服务区的兴起，这种乡村级的"道之驿"并没有得到很好的普及，到2022年3月为止，全国总共只有1 194处"道之驿"。其中，做得最好的是北海道。

为什么北海道做得最好？

原因有三个：

第一，北海道土地辽阔，前不着村后不着店的地方很多，本身的商业设施又很少。

第二，北海道的一般道路很多，高速公路服务区少。

第三，北海道物产丰富，不仅有各式各样的农产品，还有丰富的水产品，也有乳业产品，可卖的东西多。

所以，全日本营业额最高的"道之驿"，排在前几位的都在北海道。

我去北海道，跑了好几个"道之驿"，发现北海道的"道之驿"有这么几个特点：

第一，出售的商品是以当地村民种植的农作物和加工产品为主，尤其新鲜的蔬菜、水果等，都是早上收摘后送来的，上面写着种植户的姓名、电话号码，价格都比较便宜。

第二，"道之驿"里开设的各种吃店，食材也都是当地的，譬如炸鸡块、冰激凌、奶酪、糕点等，经营者也都是当地的村民。

第三，"道之驿"提供全国邮寄服务，外地人在这里买了东西，可以直接邮寄回家，或者分送给各地的亲朋好友。

第四，住宿的功能大多数已经没有，但是增加了当地的行政服务功能，譬如村民们要办什么手续，或者取什么证明，大多也可以在"道之驿"里完成。

第五，是外地人爱逛的"观光地"，还可以蹭无线网络。

第六，是当地的一处防灾中心，不少"道之驿"都储存有政府的防灾物资和设备，以备地震等灾害发生时，供人们避难。

我在北海道"道之驿"最喜欢买的东西是当地的大米和蔬菜。

说到日本大米，大家的脑海里会跳出新潟县的"越光米"

或者秋田县的"秋田小町",这些都属于日本高级的大众米。日本还有许多产量少、但是属于极品级的"幻米"。这种米大多是农户自己精心耕作,产量不多,也不会交给当地农协代理销售,往往就出现在这种"道之驿"中。

我每次到北海道的滑雪胜地二世谷,一定要去二世谷的"道之驿"买米,那里的大米属于北海道"一目惚れ"(一见钟情)稻米系,用世上最好的雪花融化的雪水种植,这是我在日本30年里吃到的最好吃的大米,香柔适中,颗粒饱满,口感特好,尤其是它的香甜,足可以吃一碗干饭而不愿意就一口菜以免破坏味觉。

还有就是北海道的马铃薯,太糯了。

"道之驿"不仅是当地农副产品的集散地,也是当地人和外地人闲逛的综合商业设施和文化中心,还是当地政府的行政服务点,是农村经济的新业态。

大家下次去北海道,一定不要忘了逛"道之驿"。

35. 富良野如何变成世界著名的芳草地

富良野位于北海道的内陆山区，以漫山遍野的薰衣草出名。

进入 7 月，正是薰衣草盛开的时节。站在山坡上望下去，那一片紫色的花海在微风中轻轻荡漾，似乎让灵魂有了一处静谧之地。

富良野的薰衣草花海并不只有一处，而是分为上富良野、中富良野、美瑛三大片区。

富良野花海是上富良野花园公司管理和经营的，伊藤仁敏社长介绍说，过去两年，富良野薰衣草是光开花，不见人。现在稍微好一些，游客陆陆续续有些恢复。"花美需要人欣赏，不然就失去了盛开的意义。"他说。

我一直很好奇，富良野人为何会想到种薰衣草？

伊藤社长介绍说，其实，北海道种植薰衣草，并不是从富良野开始的。第二次世界大战前，北海道二世谷地区率先种植薰衣草。如今，二世谷成了世界著名的滑雪胜地，薰衣草已经不再种植。而富良野种植薰衣草是从 1949 年开始的。当时种植薰衣草不是为了发展旅游业，而是为了提取薰衣草精油。

助推富良野种植薰衣草的是东京日本桥的一家公司，这家公司名叫曾田香料，创建于 1915 年。

公司创始人曾田政治先生十分迷恋法国巴黎香水，于是跑到法国去考察，在法国南部普罗旺斯地区看到了大片的薰衣草。薰衣草的香味清爽优雅，很符合日本女性的清雅需求。回国后，他到处寻找与普罗旺斯地区环境与气候相仿的地区，终于发现北海道非常适合种植薰衣草。

对于北海道山区农户来说，在贫瘠的山坡地上种植薰衣草，比种植其他的经济作物更赚钱。于是，从20世纪50年代开始，富良野到处种植薰衣草。到1970年时，以富良野为主，北海道种植的薰衣草达到235公顷，年产香精油5万吨。

可以想象，当时的富良野是何等的美丽，整个就是一个紫色的世界，空气中弥漫着清雅的花香。

但是，到了20世纪70年代后期，一心追求天然香料的曾田政治先生已是80多岁，他不得不从经营第一线退下来，公司的股权逐渐被国际商社和化学公司控制。加上北海道的薰衣草香精油的品质高，但价格也高，是当时苏联进口价格的一倍，同时化学合成香料也开始流行。在此背景下，曾田香料公司逐渐减少了北海道薰衣草香精油的采购规模，同时关闭了5家富良野的精油蒸馏厂。

到20世纪70年代末，富良野结束了30年的薰衣草种植历史。但是，有一户人家坚持了下来，这户人家的主人名叫富田忠雄。

富田家是种植薰衣草的大户，在中富良野地区拥有大片的私人土地。当曾田香料公司撤退时，富田家陷入了彷徨的境地，不知道全家未来的生计在哪里。

富田忠雄先生决定：自己炼制香精油。

富良野薰衣草花海能够成为日本一处观光胜地，是因为一张照片。

1976 年,当时日本国家铁路公司全国免费派送的挂历上,封面采用了铁道摄影家田泽义郎先生在富良野拍摄的一张照片。这张照片的本意是为了体现在富良野田野上奔驰的列车,但是,日本国民却发现了照片上的薰衣草花田。

于是,"去富良野看薰衣草"成了许多年轻恋人的浪漫约定。加上当时日本刚刚进入汽车时代,带着女友开车奔跑在富良野的田野上,变成了一种特别的时尚。

随着旅游业的兴起,富田忠雄先生把自己的"富田农场"全部用来种植薰衣草,同时也种植其他的花草,勾画一幅幅浓艳的大地彩画。

这次到富良野,打听富田忠雄先生的消息。乡里人告诉我,富田先生已经在 2015 年走了,享年 82 岁,他是富良野观光产业的最大功劳者。

想起这几天在日本流行的一首歌《花を咲く》(花儿盛开)。

人走了,花还在。到过富良野的人,很少有人记得富田先生,但是一定会为他留下的花海而感动。

36．日本的钱都投向了哪里

日本到底有没有走出泡沫经济崩溃之后的低迷30年，开启新一轮的经济高速发展期？对于这个问题，日本国内意见分歧，还没有形成统一的看法。但是有一点，各方的意见比较统一，那就是：日本已经走出了三年疫情的困扰期，经济开始了快速复苏。

有一个数字，比较能够说明问题，2023年，除金融机构之外的日本国内全产业的设备投资猛增了20.7%，超过了206 152亿日元（约10 500亿元人民币）。

那么，日本的钱具体都投向了哪里？

日本政策投资银行实施的调查显示，主要投给了半导体、电动汽车（EV）、电气机械三大领域。

调查报告显示：日本制造业的设备投资增加了26.5%，达到75 243亿日元（约3 835亿元人民币）。其中，汽车产业的设备投资也猛增了27.1%。与半导体和EV相关的非铁金属的设备投资，则激增了2.5倍。电气机械的设备投资增加了25.3%。提升半导体和EV制造能力的一般设备投资，增加了12.4%。

另外，2023年的日本非制造业的设备投资也增加了17.6%，达到了13 908亿日元（约6 674亿元人民币）。尤其是安全对策和提升运输能力的设备投资增加了31.1%。以大型商业设施开发为主的不动产业设备投资，增加了16.2%。

以上数据说明了一点，日本的制造业和非制造业的设备投资都增加了两成左右。

在日本，设备投资是企业对于未来经济发展的风向标。设备投资的大幅增加，一方面显示未来市场需求的扩大，另一方面也显示，企业对于未来经济的信心。

2010年之后，由于中国和韩国的制造业崛起，让日本原本很赚钱的白色家电、手机和电脑等产业，因为制造成本过高，难敌中韩的竞争，因此纷纷抛弃这些产业。

经过这两轮的产业大调整，日本传统产业优势被掏空，甚至像三洋、夏普这样的老牌家电企业被消亡、被外资收购。如何构建新的产业框架，保持日本经济发展势头？成为日本经济界在过去10年间苦苦追寻的痛苦。

最终，日本确立了12个字的产业发展新战略，这就是：占据上游（先进材料）、控制中游（核心零部件）、抛弃下游（被中韩超越的产业）。

那么，引领未来日本经济的新产业支柱会是什么呢？是新能源开发（碳中和社会建设）。

全世界第一架氢能大型客机目前正由波音公司研发，波音公司的研发机构不在美国，而是在日本的名古屋。为什么会放在名古屋？因为全世界氢能源研究的高地在名古屋，丰田公司总部在那里。另外，波音787客机的机体材料，不再是传统的铝合金，而是日本东丽公司研发生产的碳纤维，波音787机体的制造基地也在名古屋中部机场边上的航空产业园区。波音计划借助日本的技术和材料，在2027年造出第一架大型氢能飞机。

位于东京湾的奥运选手村,正式名称叫"晴海旗",它已经是世界上第一个氢能源住宅社区。这个社区将会有 4 500 户人家,现在已经氢能入户。每户人家的氢能电池,在遭遇地震海啸等灾难而停电的情况下,可以维持一户人家一星期的用电所需。社区边上还有一个大型的加氢站,并在一些大楼里建设了多处小型氢能发电所,通过连接加氢站的管道氢气直接发电,用于公共照明和电梯运营。

值得关注的是,2023 年可以称为日本的"EV 之年",以丰田、日产、本田三大汽车公司为引领,日本全面投资电动汽车(EV),以世界领先的全固态电池来取代目前的锂电池,实现充电 10 分钟,能跑 1 200 千米的创造性目标。

日本经济的复苏,或者进入新一轮的经济高速发展期,能不能给中国经济带来一些红利?答案是肯定的,因此中国企业加快了"出海"日本的步伐。

37. 日本企业为何要从海外回归本土

"回归本土"正在成为日本经济界的一大话题。

最近,全球液压设备制造的著名企业KYB宣布,将一部分汽车行驶系统的核心零部件生产从北美迁回日本。而经营车载仪表的日本精机已开始将汽车软件设计业务从北美和中国撤回日本。日本汽车座椅的主要生产厂商TACHI-S宣布将大幅减少在中国生产座椅材料,扩大在秋田县和长野县工厂的生产量。

为什么日本企业出现了"回归本土"潮?

日本经济团体联合会的一名干部说,主要原因有三:

第一,一些国家在新冠疫情期间实施严格的社会封控措施,使日本企业在这些国家投资的零部件生产线停产,单是丰田汽车公司日本工厂因为零部件供应不足几次被迫停产,全年就少生产汽车40多万辆。

第二,海外一些国家的人工费等成本的上升,使得实际制造成本甚至超越日本本土。

第三,地缘政治风险的加剧,使得日本企业担心产业链会因为这种风险而突然断裂。

KYB公司算了一笔账,与新冠疫情之前的2019年4—9月相比,2022年4—9月在北美的照明和取暖费用等固定费上升约三成,其中人工费上升了两成。而日本在这期间的人工费基本持平,其他成本也仅为小幅上升。因此,日本国内生产的利润比北美更高。

日本精机公司称，上海的设计人员的月薪已经涨到1.5万元人民币（约30万日元），加上各种保险等成本，人工费成本已经与东京无异。

齿列矫正器制造企业DRIPS公司也将委托给越南代工的大部分生产量迁回日本国内，原因是无法承受海外原材料价格和运输成本的大幅上升。

开发农田整地机器人的CuboRex公司的零部件的60%是在中国生产，由于中国的制造成本已经接近日本本土的制造成本，再考虑到品质管控成本，因此也宣布将生产量全部撤回日本。

2022年夏天开始，本田汽车公司开始了一项秘密研究：探讨了用尽可能少的中国制造的零部件来制造乘用车和摩托车的可能性。

中国是本田在海外的主要市场，销售量占到全球总额的30%左右，因此，如何在确保中国市场份额的同时，在产业链的构建上去"中国风险"，这是本田汽车公司在探求的一大课题。而解决方案显然是：在中国制造的汽车和其他车辆的零部件将在中国境内采购，而在中国以外地区制造的车辆的零部件则在东南亚等地区生产和采购，同时扩大日本本土工厂的生产量。

与本田汽车公司持有同样想法的日本大企业中，还有索尼公司。索尼公司已经决定，除在中国国内一年销售的约20万台数码相机继续在无锡工厂生产外，其余为日本和海外市场生产的照相机将转移到日本和泰国工厂生产。

除汽车零部件、电子零部件等产业回归日本本土之外，还有一个产业回归日本的势头也很猛，那就是工厂设计与建设行业。

从 2000 年开始，日本企业纷纷离开本土扩大海外投资，因此，日本的工厂设计与建设企业也纷纷跟随这些日本企业前往海外拓展业务。但是，近年来，日本企业出现了回归本土潮，海外工厂的建设量在减少。同时，台积电、IBM 等外资半导体企业开始在日本投资建厂，使这些专业从事现代化工厂设计与建设的企业，在日本本土找到了新的商机。

"分久必合，合久必分"，这也是人类历史发展的自然规律，产业也是同样，都属于自然流淌。

38．巴菲特为何要大量投资日本商社

92岁的世界金融大亨巴菲特在2023年4月访问日本时，接受了日本几大媒体的专访。被问到此次日本之行的目的时，巴菲特说了一句话："日本是我们继美国之后的最大投资国，因为这里有值得信赖的经营团队，还有我们能够理解的商业机会。"

巴菲特被称为"投资之神"。6岁开始上街卖口香糖；11岁时，他购买了第一只股票；高中时通过投资和创业赚取了相当可观的收入。1950年，巴菲特进入哥伦比亚大学商学院学习，成为格雷厄姆教授的学生。格雷厄姆是价值投资理念的创立者，他的投资哲学对巴菲特产生了深远影响。巴菲特从格雷厄姆那里学到了如何寻找低估值的优质股票，并将这一理念应用到自己的投资实践中。

1956年，巴菲特成立了巴菲特投资公司，开始运用格雷厄姆的价值投资理念管理客户的资金。他的投资策略以长期持有优质公司的股票为核心。他关注公司的基本面、盈利能力和管理团队，并寻找被市场低估的股票。这种策略使他在过去几十年里成功地实现了资产的稳定增长。

2020年8月，巴菲特投资公司"伯克希尔·哈撒韦"宣布已经投资了约640亿日元（约6亿美元）购买了五大日本商社的股份，包括三菱商事、三井物产、住友商事、伊藤忠商事及丸红。经过几番增资，巴菲特已拥有的各家商社股份的比例均达

到 7.4% 左右。到 2024 年，这一数据更是达到了 9%。

巴菲特为什么如此热衷于投资日本的国际商社呢？

巴菲特在接受日本经济新闻采访时表示，日本商社以其全球贸易网络、多元化业务和稳定的盈利能力而著称，这些公司在全球市场中具有竞争力，而且事业规模巨大，事业内容十分清晰易懂，并有很好的业绩。与各国又有许多的合资企业，十分精通各国的事情。

巴菲特称："日本各大商社的投资回报超过了我们的预期，我感到非常自豪。"

巴菲特的发言传出后，日本五大国际商社的股票在 11 日一起猛涨，涨幅均超过 3%，其中丸红更是高达 5%。

日本的商社是一种特殊的企业与经济形态，它的发展历程可以追溯到江户时代（1603—1868），当时的商人以"庄屋"（村庄中负责税收和行政事务的富裕商人）为中心，开始了类似于现代商社的经营活动。然而，真正的商社体系是在明治维新（1868）以后，随着日本现代化进程的推进而逐渐发展起来的。

明治维新时期，日本国内开始进行政治、经济和社会的全面改革。政府实行了一系列的开放政策，吸引了大量外国商人和资本进入日本。与此同时，日本政府也开始大力支持国内企业的发展，通过实施优惠政策，培育了一批具有国际竞争力的企业。

在这个背景下，日本商社应运而生。起初，这些商社主要从事丝绸、茶叶等商品的出口业务。随着时间的推移，它们不断拓展业务领域，涉足煤炭、纺织品、钢铁等重要产业，并逐渐形成了拥有独立银行和各项实业的财团性经济组织。

在20世纪中期，日本商社迎来了一个新的发展阶段。在战后经济高速增长的时期，商社充分利用国内外市场的机遇，大力发展国际贸易和投资业务。他们在全球范围内建立了庞大的分支机构网络，积累了丰富的市场经验和人脉资源。这使日本商社在国际市场上取得了一系列重要的竞争优势，为日本经济的腾飞打下了坚实的基础。

自20世纪末以来，日本商社面临着全球经济一体化和技术革命的双重挑战。为了应对这些挑战，商社开始调整经营策略，强化自身的核心竞争力。他们在新兴市场、高科技产业等领域寻求新的发展机遇，并通过与其他企业和行业的合作，推动产业链的整合和升级。

"创新"是日本这些国际商社发展的核心驱动力。商社在产品、服务、管理等方面不断进行创新，以满足客户不断变化的需求。通过不断追求创新，商社在全球市场上保持了持续的竞争优势。

所以，三菱商事、三井物产、住友商事、伊藤忠商事、丸红五大国际商社在经历了无数次战争、世界金融和经济危机、百年一遇的新冠疫情和地震海啸等自然灾害的打击后，依然能够保持其百年不倒的身姿，自然值得巴菲特的信赖。

1585年，住友商事的创始人住友政友在京都创建书店和药铺，开启了住友集团的发展之路。住友先生临终前写下了一份经商心得《文殊院旨意书》，后来在明治15年（1882年）演变成《住友家法》，明确住友集团的"经营要旨"为两条：

第一条：我住友经营业务，注重信誉，讲究诚实，以此固本，谋求发展。

第二条：我住友经营业务，审时度势，究理财得失而定张弛取舍；不苟求浮利，尤忌轻举冒进。

正因为住友的后人们一直恪守《住友家法》，并传承与守护了 400 余年，才使住友集团的核心企业——住友商事如今成为世界排名第 12 强企业。

精明的投资大亨巴菲特看到了日本这些国际商社的特质，所以，他在东京说："我相信，日本商社一定能够永远活下去，至少今后 100 年。我们将会对这些商社增加投资。"

企业的信誉，并非来自一时的高利润，而是来自持续的发展与稳定的收益。"安全驾驶，一路向阳"的企业，才是最值得投资的企业！巴菲特比谁都懂这一道理。

39. 支撑日本经济的支柱到底是什么

进入 2023 年 5 月，日本各大企业开始发表 2022 年度的经营业绩，最为瞩目的是，日本五大国际商社的纯利润均创下了历史最高水平。

这个"历史最高水平"是什么概念？是这些国际商社成立 100 多年来的最好业绩。

我们来看看这些国际商社在过去一年中，取得了多少利润？

1. 三菱商事的 2022 年度纯利润比上一年猛增了 26%，达到 11 806 亿日元（约 604 亿元人民币）。首次超过 1 万亿日元大关。

2. 三井物产的纯利润猛增 24%，也首次超过 1 万亿日元，达到 11 306 亿日元（约 578 亿元人民币）。

3. 住友商事的纯利润猛增 22%，达到 5 651 亿日元（约 289 亿元人民币）。

4. 丸红的纯利润猛增 28%，达到 5 430 亿日元（约 278 亿元人民币）。

5. 伊藤忠商事的纯利润也达到了 8 005 亿日元（约 409 亿元人民币）。

从统计来看，日本这五大国际商社在过去两年中，纯利润猛增了 4.3 倍。国际投资大佬巴菲特投资这些日本国际商社的利润也因此猛增了 4 倍——这位老爷爷真的很有投资眼光。

上述五大商社是日本国际商社的代表，也都是世界 500 强企业。商社是日本具有独特商业模式和历史背景的集团性公司，它并不只是贸易公司，而是有着更广泛的角色，包括投资、融资、咨询等。它们在全球范围内开展各种商品和服务的买卖与投资，包括能源、原材料、食品、化学品、机械设备，甚至包括金融服务和信息咨询，这种多元化的商业模式使得商社能够在全球经济中找到各种机会，即使在三年新冠疫情的冲击下，依然能够获得很好的业绩。

日本商社的起源可以追溯到18世纪的幕府时代，当时的商人主要进行日本国内的商品流通。商社真正的崛起是在明治维新之后，当日本开始积极向海外拓展并寻求国家的现代化。明治政府推动了国家工业化和社会的全盘西化，使得日本急需从海外进口大量的技术和原材料，同时也需要将其产品出口到全球市场。于是，一些具有前瞻视野的商人在政府支持下开始组建内外贸易和兼具投资的国际化商社。

第二次世界大战后，这些国际商社帮助日本企业在海外寻找资源和技术，同时积极向海外出口日本商品，为日本经济的快速重建发挥了重要的作用。

日本人将商社的成功，归功于六大因素：

第一，全球化策略：五大商社从早期就致力于全球化策略，包括开设海外分支机构，建立广泛的全球供应链，投资于全球项目。这种全球视野使它们能够在全球范围内寻找和利用商业机会。

第二，多元化业务：五大商社的业务范围非常广泛，包括能源、金属、食品、化工、纺织、金融服务等多个领域。这种多元化的策略使它们能够抵抗市场波动和风险。

第三，灵活的经营模式：五大商社不仅仅是买卖商品的贸易公司，它们还提供投资、融资、物流、咨询等服务。这种灵活的经营模式使它们能够适应不断变化的市场环境。

第四，维持长期关系：五大商社强调与供应商、客户和投资伙伴建立长期稳定的关系。这种关系使它们能够建立信任，减少交易成本，提高业务效率。

第五，坚持互惠互利原则：日本商社坚持大阪的"近江商人"创建的"三方好"商业原则，即"卖方好、买方好、社会好"。这种商业原则强调公平交易，互惠互利，既获得利益，又令顾客满意，同时承担起社会责任。

第六，创新和适应性：五大商社在面对全球市场和技术变化时表现出强大的创新能力和适应性。它们不断寻求新的商业模式和机会，以适应不断变化的环境。

人们常说，中国经济的发展靠房地产、网络经济和金融投资三大支柱。那日本的经济发展靠几根支柱呢？日本人说，只有一根，那就是国际商社，因为国际商社几乎囊括了所有的产业。

可以说，如果没有这些国际商社，小小的日本成就不了当年的世界经济老二的地位。因为在日本经济成分中，外贸比例很少，几乎可以忽略不计，日本经济的振兴与发展，基本上靠自己。

国际商社的利润高低，是日本经济的晴雨表。

40. 孙正义投资中国三大企业为啥全亏

对于软银集团创始人兼总裁孙正义来说，2020年度和2021年度是冰火两重天。

2020年度，软银集团创下了日本企业的一大奇迹，净利润超过了5万亿日元（约2 535亿元人民币），超过丰田汽车公司，成为日本企业的"首富"。

但是，2021年度，软银净利润居然亏损1.7万亿日元（约661亿元人民币）。

仅仅一年的时间，孙正义坐了一次过山车，从"首富"变成了"首负"。

2021年5月12日，孙正义在东京公布的软银集团最新财报显示：截至3月31日，软银集团2021年度创下了风险投资史上最大的亏损，落得公司于1981年成立以来的最差业绩。

为什么在日本其他跨国企业纷纷创下史上最高利润额的时候，软银集团却"一枝独秀"，鸡立鹤群呢？

一切的问题出在资本投资上。

软银集团旗下的愿景基金在2021年度净亏损高达2.64万亿日元（约1 381亿元人民币），以一己之力把整个集团拖下了水。

孙正义的投资传说始于阿里巴巴。

阿里巴巴刚起步时，孙正义就投给阿里巴巴2 000万美元，结果在阿里巴巴于美国上市后，获得了2 000多倍的巨额利益回报。孙正义一下子获得了"投资之神"的美称。

阿里巴巴向美国证券交易委员会（SEC）提交的2020年FORM 20-F年报显示，截至2021年7月22日，软银集团持股为24.8%，仍是阿里巴巴最大的股东。

有了阿里巴巴成功的案例，孙正义一直看好中国市场，愿景基金23%的投资都投给了中国企业。

但是，遗憾的是，阿里之后，软银再无灿烂。

软银集团的2021年度财报显示，愿景基金一期前三大亏损来自滴滴、WeWork、Grab，愿景基金二期的前三大亏损来自WeWork、京东物流和叮咚买菜。

在五家巨亏的投资企业中，中国企业占了三家：滴滴、京东物流和叮咚买菜。

很少有人知道，滴滴的最大股东是孙正义的软银集团。

公开的资料显示，软银对滴滴的投资始于2017年，滴滴才两岁。孙正义居然大笔一挥，给滴滴送上了80亿美元的投资。同年9月，软银又出资6.39亿美元收购了阿里巴巴在滴滴的5%的股权。

滴滴的第一桶金其实来自孙正义的软银。

2020年，孙正义又慷慨解囊，给滴滴的智能自动驾驶汽车事业领投了5亿美元。

到目前为止，软银集团给滴滴的投资款已经多达120亿美元（约798亿元人民币）。滴滴的招股书显示，软银共持有滴滴21%的股份，是滴滴最大的股东。

本来，软银指望滴滴的投资能够成为阿里巴巴之后的又一经典喜剧。但是，2021年6月30日，滴滴在美国悄悄上市，破坏了规矩，孙正义不仅没有拿到白花花的银子，反而淋了一场暴风雨。

到美国上市，成了滴滴的噩梦。2021 年，滴滴股价几近腰斩。2022 年以来，滴滴股价再跌约 70%。如今，滴滴的市值只剩下 70 亿美元左右。按照软银集团持股 21% 来计算，软银投资滴滴的 120 亿美元如今只剩下约 15 亿美元，100 多亿美元已经打了水漂。

痛苦的不只是滴滴，还有京东物流。

京东物流上市前，软银集团以每股 40.36 港元的价格认购了 1.15 亿股，认购金额达 6 亿美元。2021 年 5 月 28 日，京东物流在香港港交所成功上市，开盘股价一度涨超 18%，市值曾经超过 2700 亿港元。

但是好景不长，不到一年的时间，京东物流的股价就跌至 14.94 港元，市值已不足千亿港元。结果，软银集团投资京东物流的损失，超过了七成。

叮咚买菜于 2017 年 5 月上线，先后进行了 11 轮的融资。软银集团在 2021 年 5 月 12 日独家投资了 D+ 轮融资，投资金额为 3.3 亿美元，持股 5.6%。

同样好景不长，在美国上市后不久，叮咚买菜的股价一路暴跌，2021 年跌去三成，2022 年到现在，已经跌去七成。与投资京东物流一样，软银集团不仅没有赚到一分钱，投资款反而再亏七成。

孙正义是一个极其自信与自负的人。公司刚成立时只有两名员工，孙正义站在苹果箱上发表了一场演说，宣布公司要在五年后实现营业额100亿日元。第二天，两名员工都没来上班，他们以为遇到了疯子。

过去许多年，孙正义回忆起当初的那一幕，说了这样一句励志的话："人们最初拥有的只是梦想，以及毫无根据的自信，但是所有的一切都从这里开始！"

但是，孙正义这几年投资中国企业也正是败在自信和疯狂！

他没有看到，中国互联网企业经过20多年的狂奔，已经气喘吁吁，危机四伏。但是，孙正义还以为，大家刚吃完人参。

有人说，孙正义投资是"一胜九败"。虽然在中国投资市场血本无归，但是，他的运气也不是全坏。作为科兴生物的最大股东，软银占股15%，科兴生物日赚1.8亿元，孙正义一天也能数钱2700万元。

如果没有新冠疫情，孙正义亏得更惨。

41. 日本拿什么追赶中国的电动汽车

作为"汽车王国"的日本，2023年上半年的国内新车销售业绩报告已经出笼，总数是 2 450 600 辆，比 2022 年同期的 2 086 178 辆，增加了约 15%。

这只是日本国内的新车销售量。因为日本车企的主要生产线都在国外，丰田汽车公司一家车企在上半年的新车销售量就达到了 5 419 841 辆，比去年同期增加了 5.5%，继续保持了世界第一的地位。

最值得祝贺的是，中国的比亚迪第一次以 125 万辆的优异业绩超越奔驰和 BMW，进入了世界 10 强。

但是，比亚迪在日本的销售业绩还不精彩，2023 年上半年，仅销售出 533 辆。

那么，日本全国在上半年的电动轿车（EV）的销售量是多少呢？仅为 22 857 辆，占上半年国内汽车销售总量的 1.67%。

而在中国，根据中国汽车协会发表的报告，2023 年上半年新能源汽车销售量为 374 万辆，占了上半年汽车销售总量的 30% 左右。

作为汽车王国的日本，已经是彻头彻尾的"电动汽车落后国"。

对于日本电动汽车落后中国的问题，日本的汽车制造企业是怎么看的？

曾任日产汽车公司社长和日本汽车工业会会长的志贺俊之

近日在与日本IBM社长山口明夫的对谈中,作出以下表示:"有人说日本在电动汽车方面落后,其实不然。电动汽车在中国畅销的原因是,电动汽车本身已被打造成智能化,通过系统软件的更新换代,电动汽车能经常保持比购买时更先进。日本的汽车工业在这方面还没有赶上,原因在于工程师的背景。例如,特斯拉主要由软件工程师组成,而在日产,80%的工程师都是机械工程背景的硬件工程师,因此就很难对智能化等新价值做出反应。"

将来到底是软件工程师造车,还是机械工程师造车的问题,志贺会长认为:"在EV时代,日本汽车制造企业中有80%是硬件工程师,但这并不意味着他们今后将无法生存。如果硬件工程师也学习软件,他们就能成为具备两种技能的工程师。这将是日本汽车制造企业未来的强项。这些硬件工程师在大学时学习过数学和物理,因此他们很容易进入软件领域。他们可以重新掌握技能,将其作为优势并加以改变。正如企业需要变革一样,个人也可以通过再学习实现自身价值的再提高。"

志贺会长说,汽车行业正在进入一个不知道正确答案的波动性、不确定性、复杂性和模糊性的VUCA时代,一切都在瞬时变化,一切都没有定论,需要经营者以更清醒的头脑与智慧去把控未来。

日产汽车于最近推出了第一代电动SUV车"ARIYA",开始追赶中国车企。这辆车安装了7个摄像头、5个雷达和12个声呐,配备了接收准天顶卫星系统GPS信息的天线,实现了L3标准等级的自动驾驶辅助系统。同时,内饰设计舒适豪华,续航里程为 610 千米。这辆车日本国内的销售价格为 539 万日元（约 26 万元人民币）。

9 月 25 日，日产汽车公司宣布，到 2030 年，日产投放欧洲市场的新车将全部是 EV。

除了日产，丰田和本田都已经推出了 EV，即将登场的丰田全固态电池 EV，充电 10 分钟可跑 1200 千米，已经开始吸引世界的眼球。而索尼与本田联合打造的 EV，安装了 39 个摄像头，一步到位要实现 L4 等级的全自动驾驶，可以感知日本车企追赶的速度与技术实力。

42．日系车在中国市场遭遇困局谋求突围

日系汽车在中国市场正在遭遇从未有过的困局！各大日系车企发表的最新数据显示，丰田2024年4月在中国市场的销售量比2023年4月减少了27.3%，本田减少了22.2%，日产减少了10.4%。

本田公司预估，2024年度在中国的销售量整体将减少13%，比最高峰时的2020年的销售量大减40%。

中国汽车工业协会发表的统计数据也表示，2020年时，日系车在中国市场的份额达到23.1%，但在2024年1—4月份，日系车的市场份额只剩下12.2%。相反地，中国品牌汽车所占市场份额已从38.4%提高到60.7%。

在中国市场受伤的不仅仅是日系车，德系车也从2019年的24.2%市场份额减少到2023年的17.8%，韩系车也从3.1%减少到1.6%。

日系车已经在中国面临"生死存亡"的局面，之所以会遭遇如此糟糕的困局，一方面是中国电动汽车的大规模崛起与普及，使得燃油汽车的生产销售遭到重大挤压；另一方面，日系车在电动汽车研发制造上动作滞后，在中国的生产销售依然以燃油车为主，使得销售量直线下滑。

日产在2023年的中国市场生产量减少了24%，仅为79.3万辆。与2018年的156万辆相比，在中国的生产量减少了一半。日产计划在2024年，在中国市场的生产量减少30%。

虽然，日系车在全球的销售量并没有出现大幅度的减少，但是，中国市场毕竟是日系车的一个主力市场。丰田汽车在中国市场的销售量占到丰田全球销售量约30%，本田占到约20%，日产占到约20%。从整体利益来看，这三家日系车企的"中国利益"占到1～2成。所以，如果中国市场的销售量继续减少，将直接影响这些日本车企的业绩。因此，丰田、本田和日产三大车企都没有轻易说"再见"。

本田已经决定与中国华为公司合作，计划在2025年销售的电动汽车上使用华为研发制造的显示屏，用中国的技术来寻求在中国市场的复活。

而日产与东风汽车集团合资的八个整车工厂将进行整合调整，作为面向东南亚地区出口车的主要生产基地。

如何应对中国电动汽车的崛起？

本田公司社长三部敏宏在5月16日的记者会见中表示，从长期的角度来看，电动汽车将会着实迈进，为此，我们需要构建强有力的事业基础。2021—2030年的10年间，公司将投资10万亿日元（约5 000亿元人民币）用于电动汽车和软件系统的开发。

日产汽车公司也宣布，在最近五年间增加两万亿日元（约1 000亿元人民币）的投资。日本三大车企期望通过加大对电动汽车的研发投入，追赶中国新兴的电动车企，确保在中国市场的销售量。

丰田汽车公司佐藤社长在5月的年度决算记者会上，谈到中国市场问题时表示："中国市场的困境还将持续数年。"

那么，丰田汽车如何才能在中国市场做到咸鱼翻身，夺回部分被中国品牌汽车夺走的份额？佐藤社长没有明说。但是现在看来，如果丰田今后在中国市场不加大电动汽车的研发生产，并最大限度地控制生产成本与销售价格，那么在中国市场的胜算就会变得非常渺茫。

日本城市革命

1. 一场悄然开始的"东京城市革命"

从1992年到日本留学开始,我在东京已经生活了30余年。

"东京"的概念有两个:一个是行政上的"东京都",日本政治、经济、文化中心;另一个是区域范围的"东京",通常称为"东京首都圈",包括东京都及相连的埼玉县、千叶县和神奈川县。

东京都的人口是1 400万人,但是,东京首都圈的人口是3 700万人,全日本12 700万人中,超过1/4的人口集中在这个濒临太平洋的地带,形成了世界最大的都市群和最繁华的湾区——东京大湾区。

日本有一个词叫"一极集中",说的是20世纪经济高速发展时期出现的一个社会现象:渴望大都市热闹繁华生活的人们,把资金、企业、人口都往大都市集中,因此造成了"都市拥挤,乡下掏空"的社会大问题。

日本制造企业和国际大商社的一大半发源于以大阪和京都为中心的关西地区。20世纪70年代,日本经济出现了高速发展,这些企业和商社的总部大多搬到了东京,因此,日本出现了一种"东京模式",就是"管理和研发在东京,生产在地方城市"。

东京证券交易所近4 000家主板上市企业中,有75%的企业的总部在东京。外资企业的80%的日本总部也放在东京。所以,东京都知事的日子很好过,睡着就可以数钱,因为东京都的GDP总量占到了日本的三分之一。

但是,这么多年过去,当年带着梦想闯荡东京的年轻人,如今都已经是七八十岁的老人，东京也成为日本老龄化最高的地区，人口质量出现了恶化，社会负担日益加重，城市拥挤不堪，房价居高不下。

当年让世界各国认为是城市发展模范生的"东京模式"，开始出现了崩溃，如今，"东京病"成了人们关注的焦点。

一场医治"东京病"的城市革命，已经悄然兴起。

这场城市革命的第一个处方，是解决城市拥挤问题。

如何解决？

一是打造城市综合体。对于20世纪经济高速发展时期建成的市中心老旧建筑，实行局部改造，以超高层公寓楼、超高层办公楼、综合商业设施、大型开放式公园为主体，建成一个"在这里居住、在这里上班、在这里生活"的三位一体的"智能化现代城市村"。

二是推行"居家上班"制度，鼓励一部分东京人搬到生活成本低、环境悠闲的地方城市生活，政府提供高达100万日元（约5万元人民币）的安家费。

三是提高"东京人"的个体质量，提高每个人的"生产性"。也就是说，企业多雇佣有才能挣钱的人，逐步淘汰"占位庸才"。其中的一个方法，就是推行"基本工资＋绩效工资"相结合的薪资模式，鼓励有才能之人往高处走，对于那些混日子的员工，让其主动辞职。

由于日本的劳动制度是保护劳动者，而不是保护资本家，况且长期以来实行终身雇佣制，所以，企业要开除一名员工难度很大，最近东京企业中流行的一个新办法是鼓励员工搞副业。

通过副业收入来平衡收入趋低员工的心理,变相鼓励他们自找活路。

第二个处方是去"总部经济"。

经过半个世纪的实践,日本大企业已经发现"总部经济"的弊端——企业越来越像政府,官僚气息弥漫总部上下,决策越来越滞后,难以应对快速变化的国际市场。

首先,日本大企业开始了"分家",将一个个事业部门分拆为核心子公司,实行独立核算,独自经营,总部改为"控股管理机构",让孩子们不再在父母的庇护之下,独立去闯荡世界。最近,东芝公司的分拆案,就是其中的一个例子。

其次,将一部分集中在东京首都圈的研发职能分散到世界各地,在世界各地建立研发中心,研发适应当地国家国情和市场的产品,在海外打造"研发、生产、市场"一体的"集团军",各占一个市场独立作战,而不再依赖于总部的技术和统筹管理。

这场"东京城市革命"才刚刚起步,值得持续关注。

2．日本旧城改造新样板："麻布台之丘"

当一座城市经过几十年或近百年的发展，它必然会迎来一次更新换代的大改造。那么，面对 21 世纪 AI 时代，城市应该如何改造？日本又向世界提供了一个可参考的新样板，那就是刚刚建成开业的"麻布台ヒルズ"（"麻布台之丘"）。

麻布台是东京的一个地名，它在东京塔与六本木之间的一个高台上，远望可知百年之前，这里是一个山丘。

麻布台位于东京市中心的黄金地段，是著名的外国大使馆和高级住宅区。但同时，它也是一个老居民区，有一些低矮的老房子。

早在 20 世纪 80 年代，麻布台的旧城改造就成为一个关注点。1989 年，东京都政府和商业地产开发公司与当地居民等组成了麻布台街区再开发委员会，着手这一地区的再开发工作。

但是，由于日本实行的是土地与财产的绝对私有制，任何一级政府和机构均不能强拆居民的住宅，侵害居民的利益。根据开发计划，当地涉及搬迁的居民共有 300 余户。于是，再开发委员会开始一家一家地游说，一家一家地商谈，动员他们出让土地。这个游说过程长达 30 年。这 30 年中，不少坚持不搬的老人离开了人世，他们的子女终于同意签字。

2019 年 8 月，完成了各项规划和设计手续后，"麻布台之丘"终于开始建造，这一建又是近 5 年。

从成立再开发委员会到 2023 年 11 月下旬建成开业，麻布台改造项目前后耗时35年。

"麻布台之丘"是一个什么项目？它是日本最大的城市综合体，同时也是世界最新的未来型社区。

开发建设"麻布台之丘"的日本地产公司是森大厦株式会社，这家公司在上海浦东，建有101层高的环球金融中心。

2003年，森大厦公司在六本木建成了日本第一座城市综合体——"六本木之丘"，将居住、工作、生活融为一体，让人们"居住在这里、工作在这里、生活在这里"。也就是说，在城市里建造一座小城，称为"城中城"。

森大厦的这一创造性开发建设计划，拉开了东京市中心的旧城改造序幕。随后，三井不动产紧跟其后，开发了赤坂的"东京中城"（2007年开业）。2014年，森大厦又建成了"虎门之丘"。三井不动产又陆续开发了"日比谷中城"（2018年开业）、"八重洲中城"（2023年开业）。

新建成的"麻布台之丘"，是迄今为止最大体量的"城中城"，它占地8.1万平方米，总建筑面积约86.17万平方米。其中有三栋摩天大楼，主楼"Mori JP Tower"（森JP塔）高330米，只比附近的东京塔低了3米。它地上有64层，地下有5层，目前已超过了大阪的阿倍野海阔天空大厦，成为日本最高的大楼。

为啥森大厦公司不建造一栋超越上海环球金融中心的亚洲第一高楼呢？不是钱和技术的问题，而是因为日本是一个多地震国家，超高层大楼涉及抗震的安全问题。同时，附近有东京羽田国际机场，东京市中心建筑限高300米。国土交通省已经为"麻布台之丘"开了一个绿灯，允许其达到330米。

森JP塔楼的1～4层是高级商场，5层是外务省外交史料馆展示室，6层是庆应艺塾大学预防医疗中心（医院），7～52层是办公楼。其中33～34层为回廊式咖啡吧和高级餐厅，可以眺望整个东京的美景；53～64层为高级公寓，共90户，由安缦酒店集团服务管理，一套使用面积为80平方米的房子，最低售价20亿日元（约1亿元人民币）；最顶层的64层，为三套使用面积分别为300平方米的房子，每套售价200亿日元（约10亿元人民币），创下日本住宅的最高价格纪录。

除了主楼，另外两栋塔楼主要用于居住，高度分别是240米和270米，共有1 400套公寓。其中A栋塔楼的1～13层，为安缦酒店集团旗下的首家酒店——Janu Tokyo，共有122间客房，6家餐厅和高级酒吧，4 000平方米的健康管理中心。据悉房价一晚在20万日元（约1万元人民币）以上，将成为东京最奢华的酒店之一。

"麻布台之丘"的商业设施隐藏在两座形如延绵山丘的底层建筑中，这些错落有致的建筑称为"Garden Plaza"，外观奇特，且有欧洲与地中海的街区风格，共容纳150家零售商店和餐饮店，其中爱马仕、卡地亚、宝格丽、迪奥、思林等世界名牌专卖店已经开始挂牌。整个商业设施实现了高密度空间的低密度呈现，将成为东京一个新的时尚商业区。

"麻布台之丘"的最大特点并非高层建筑，而是在寸金之地建造了6 000平方米的中心广场，中心广场不仅有果林，还有水系。整个""麻布台之丘""的绿化面积达到2.4万平方米，春天，这里将会是一个樱花盛开的灿烂世界。

中心广场的地下则是一座占地面积4 000平方米的高级食品超市，还有餐厅和咖啡厅。

"麻布台之丘"除了办公楼、公寓楼、商业设施、高级酒店和医院外，还有神社和寺院，还有目前东京最大的国际学校的东京英国学校。

东京英国学校新校区紧挨森JP塔，占地15 000平方米，共有8个楼层。除此之外，还有"麻布台之丘"美术馆、数字艺术博物馆等文化设施。

值得注意的是，"麻布台之丘"还设立了东京风险投资中心，来自海内外的70家风险投资公司与各类基金公司会聚于此，旨在成为振兴日本经济的催化剂。

总造价6 400亿日元（约311亿元人民币）的"麻布台之丘"，会有3 500名以上居民和2万名上班族在这里生活和工作。

森大厦公司在"麻布台之丘"的设计理念上表示，我们希望"麻布台之丘"是一座被绿色环抱，人与人、人与自然和谐相连的现代都市村庄，以中央广场为中心，精致地融合各种城市功能，包括办公、住宅、酒店、国际学校、医疗设施、商业设施和文化设施。它以绿色和健康为两大支柱，创造水与绿相连的景观，营造一个充满自然气息的工作、生活与休闲、交流场所。它将是我们理想中的"城中之城"，是一座未来型的世界级新社区。

3．世界投资家为啥扎堆北海道二世谷

日本政府观光厅做过一次调查，问海外游客"最希望去日本的哪些地方旅行"，答案：第一是京都，第二是北海道。

京都是日本千年古都，传统文化沉淀厚重，古韵十足。而北海道则属于"荒野之地"，找一个便利店往往得开车半小时，而且还得注意"熊出没"。

为什么北海道在外国人中人气这么高？

可能是因为北海道的味道有点粗犷，像个北方的汉子，而且还有些"混血"，这里的港口曾是日本连接欧洲和俄罗斯、北美的重要贸易基地。

站在广袤的黑土地上，面对的往往是一望无际的田野。而到了函馆、小樽，却又能从百年建筑中体味到一种异国情调。也就是说，你在北海道，既能欣赏到异国美女，又能见到壮实的农村汉子。

这可能就是北海道的魅力所在。

前不久，日本国土交通省公布了全国地价的上升排行榜，上升幅度最大的前十个地区都在北海道。二世谷地区尤为引人瞩目，上升幅度高达19%。二世谷中心地区的地价已经从2014年的每平方米5万日元上升到2021年的75万日元，短短7年时间，上升了约15倍。即使是疫情严峻的2021年，投资在二世谷地区的海外资金依然多达200亿日元（约10亿元人民币）。

二世谷位于北海道中心城市札幌市的附近，从新千岁机场

开车约一个半小时就可以到达。

二世谷邻近日本海，属于丘陵与平原相间的地区，平均海拔1 300米。每到冬天，来自北方的冷空气席卷着日本海的温湿空气，凝聚出极为细腻晶莹的"粉雪"降落在二世谷，而且降雪时间从11月一直可以延续到第二年的4月。

凡是到二世谷滑过雪的人，对于那里的白雪有这么一个简单的评价："摔倒在雪地里，就如被扔进了棉花堆。"虽然北美和北欧的雪也很轻，但是，二世谷的最大特点是雪量很大，今天把雪场滑得支离破碎，第二天一早起来，又是满眼的白雪皑皑。

二世谷有四大雪场，从山顶到山下，雪场的滑雪道长度都在5千米左右。既可以满足职业高手的技能展示，又可以满足初学者的游戏之心。

相比较北美和北欧的滑雪场，二世谷还有四个特点：

第一，有很好的温泉。当你滑得疲惫不堪时，把自己往温泉里一扔，那份惬意难以用"奇妙"二字形容。

第二，二世谷的住宿设施豪华而整洁，五星级酒店和别墅区林立，住宿条件好。

第三，二世谷兼山海之胜，餐饮丰富，山珍海味齐全。

第四，夜间灯火通明，是难得的可以进行夜间滑雪的地方。

所以，冬天到二世谷滑雪，许多人其实是在度假，而不是单纯的滑雪。

二世谷的滑雪期到5月份才结束，前后长达半年。而5月份之后，北海道开始迎来春天，樱花比东京晚一个月开到二世谷。

而夏季时分,这里的温度更是低于全国平均5摄氏度以上,是一个可以骑马、漂流和吃冰激凌的美丽季节。

二世谷虽然是一个远离市区的半山区,但是这里已经成为世界各国富豪扎堆的地方,在冬天滑雪季,这里一半的居住者都是外国人。

最先迷上二世谷的是澳大利亚人。坐上几个小时的飞机,从炎炎夏日一下子回到白雪皑皑的冬季,这种南北半球的气候反差,让澳大利亚人激动不已。

然后就是新加坡和马来西亚这些一辈子没有见过雪的地区,对于二世谷的热情完全是真金白银,外资的君悦、阿曼等世界顶级的酒店,已经在二世谷经营多年或即将建成投入使用。其中李嘉诚家族目前已经成为二世谷最大的地主。

二世谷已经成为外资在日本投资最热的地区。一方面,如此顶级的世界级滑雪场,其目前的地价还只是法国库尔舍韦勒、瑞士圣莫里茨等世界著名滑雪场的五分之一;另一方面,2027年,从新千岁国际机场直达二世谷的高速公路将建成通车,下飞机到二世谷滑雪场,只需要50分钟。而到2030年,从东京始发的新干线列车,可以直达二世谷。札幌市如果成功申办2030年冬季奥运会,这里将成为世界滑雪高手的最大竞技乐园。

"二世谷不仅将成为世界最后的滑雪胜地,而且还存在着无限的升值空间",这便是世界投资家与滑雪爱好者扎堆二世谷的最大原因。

4. 日本纸媒的活路

作为世界著名的纸媒大国，日本现在正面临着报社倒闭的危险！有人预测，15 年之后，日本的纸媒将会消失。

这个预测的根源来自日本新闻协会最近公布的一份统计报告。这份统计报告显示，2022 年，日本全国报纸的发行总量已经跌破了 3 000 万份，仅为 2 800 万份。与 5 年前相比，日本的报纸发行总量整整减少了 1 000 万份，也就是说，平均每年减少约 200 万份。按照这个数据递减下去，15 年以后，日本的报纸将会消失。

20 世纪 90 年代，我刚到日本留学的时候，在地铁列车上看到的最感人的一道风景，就是日本人人手一份报纸，大家都在静静地阅读。但是，如今在地铁轻轨车厢里，我们已经很难发现有人在拿着报纸阅读，相反的是人人一部手机。

日本关西大学综合情报学部的教授鬼松太郎在 2022 年 9 月，对听他讲座的 146 名大学生进行了一次问卷调查："你的新闻是从哪里获取的？"结果，有 77% 的学生表示自己是从网络上获取新闻的，还有 22% 的人表示自己是从电视上获取的，只有一名学生回答他的新闻资讯是通过阅读报纸获取的。

调查还显示，每周读 3 次报纸的学生只有 4 个人，也就是说 140 多名学生当中，每周还会浏览一下报纸的人不到 3%。

由于互联网的普及，尤其是智能手机的普及，越来越多的人是从网络上去获取各种新闻和资料，远离报纸的人数在不断增多。

目前，日本还在每天阅读报纸的群体基本上是60岁以上的老年人，因为日本的许多家庭依然保留着订阅报纸的传统，但是若要求年轻人也订一份报纸的话，很难实现。

日本新闻协会的调查显示，订阅报纸的读者中，70岁以上的比例占了81%。许多老年人一早起来泡上一壶茶，然后开门从信箱里取回报纸，坐在客厅里从第一版慢慢地看到最后一版。这样的风景，在许多日本人的家庭里是早上的"定番"（固定动作）。但是，这样的风景，随着这些忠诚的老年读者的慢慢流失，正在变得越来越稀罕。

日本有五大报系，分别是《读卖新闻》、《每日新闻》、《朝日新闻》、《日本经济新闻》和《产经新闻》，其中《每日新闻》的历史最为悠久，它创刊于1872年，也就是明治时代刚揭幕的时候，距今已有152年的历史。

这五大全国报系每年发行的报纸总量超过了2 000万份，但是，发行量每年在递减。

如何适应网络新闻时代的要求，维持住新闻媒体的传统，这是所有纸媒从业者都感到万分头疼的问题。

与网络新闻相比，纸媒适合于阅读和保存。但是，要把纸媒新闻变成网络文字保存起来，对于一般人来说，难度很大。像以往把报纸剪下来保存的话，又挺费时间。同时，纸媒新闻还不能像网络新闻那样可以检索，外出时拿在手里也挺不方便。

正因为这些因素，越来越多的人选择浏览手机，而不愿意捧着一份报纸阅读。

这直接导致纸媒开始面临生存的问题。

与网络新闻相比，报纸的编辑制作印刷成本高，发行的成本也很高，而且传播的速度也大大落后于网络媒体，不像网络媒体，受众的范围可以做到瞬间超越国界。

纸媒的最大收入来自广告，但是，如今的纸面广告已经大幅减少，日本各大媒体的经营收益中，广告收益已经减少到总收益的10%以下。其次的收入来源是报纸的订阅费，但是由于报纸订户的减少，订阅收益也相应地减少。

日本各大主流媒体都在尝试"纸媒＋网站"的运营模式，纸媒做深度分析，而网站做速报消息。同时，纸媒收费，网站浏览也收费，以此来扩大收入源。但是，由于长期以来，"免费新闻"已经成为人们的一种生活习惯，突然冒出要收费阅读，许多人就会选择"绕着走"，除非是新闻有独家性。

日本各大媒体中，"收费阅读"做得比较好的是《日本经济新闻》。一方面，它是以财经新闻为主，具有很大的"独家性"，对于许多企业来说，是必不可少的经济信息源；另一方面，日本经济新闻在前几年收购了英国《金融时报》，通过这一收购，使得收费阅读的网络读者数量在2022年12月底达到了82万人，但是纸媒的读者数已经减少到165万份。

目前，全世界网络收费新闻做的最为成功的是美国《纽约时报》，通过大量收购兼并其他媒体，到2022年，《纽约时报》网络收费读者的数量已经突破了1 000万人。但是《纽约时报》社长已经表示："如果在2040年，还能看到纸面的《纽约时报》报纸的话，我会感觉到非常的惊讶。"他认为，作为纸媒的《纽约时报》，将会在2024年彻底消失。

但是，由于日本的纸媒不是英语，而是小众的日语，所以，《日本经济新闻》要成为《纽约时报》的可能性几乎为零。

那么，其他的日本媒体，该怎么活下去？

我们亚洲通讯社在2001年创办了日文报纸《中国经济新闻》，面向日本社会传播中国经济与产业新闻。作为一家专业的财经报纸，20多年来，一直得到日本企业读者的喜爱。但是近几年，也明显感觉订阅数量在减少，我们也开始面临着挑战。《中国经济新闻》日文网站的运营，正在弥补纸媒读者减少的损失，但是，依然感觉任重道远。

纸媒消亡的时代真的会到来吗？想到这个问题，我的心怦怦跳。

5．日本社会全面开放支付宝与微信支付

当中国的二维码已经普及到卖红薯的时候，日本人还在数着一张张纸币，找回来一把硬币往裤兜里塞。

新冠疫情之前，日本的现金支付胜过了电子支付，害得孙正义整天吆喝着"补贴5%，请用PayPay"。

但新冠疫情发生后，日本人终于醒悟：原来纸币也会传播病毒。怎么办？还是扫二维码吧。

现在，东京的出租车上装上了11英寸的平板电子结算屏，从各种信用卡、交通卡、充值卡到二维码，应有尽有。

那一刻，我终于明白，不是日本没有电子支付的技术，而是没有电子支付的社会环境。一旦这种环境出现，技术瞬间便会从仓库里拎出来，并一下子变成产品。

惊奇的并不是二维码成了出租车费的支付手段，而是中国的支付宝、微信和银联卡也出现在其中。你不得不承认，日本的电子支付一下子赶超了中国，因为世界上这么多"Pay"，还没有一个能够在中国的出租车，甚至在店铺中直接使用。

那么，中国有哪些支付方式可以在日本直接使用呢？计划来日本的你，还真的必须了解一下。

第一，银联卡。凡是有银联标志、带IC芯片的银行卡，无论是储蓄卡，还是带信用卡功能的，都可以直接在日本的店铺、酒店和部分出租车上刷用。

第二，支付宝和微信。日本绝大多数24小时便利店、大

型超市、店铺（小城市和农村除外），都可以使用扫码支付。支付完毕后，手机上会显示你支付的人民币金额。

第三，信用卡。中国国内发行的国际信用卡，在日本都可以直接使用。

第四，银行卡取日元现金。在日本的三井住友、三菱UFJ、瑞穗等银行，以及"711"便利店的ATM机上，可以用中国的银联卡直接取日元，ATM机上会有中文显示。原则上，一天可以取相当于1万元人民币的日元现金，但是必须注意：第二天去取，不一定能够再取那么多现金，可能受到国内外汇政策的管控。

富有创造精神的中国人，最终把二维码杀回了日本。而日本也以开放的姿态迎接中国电子支付的进驻。如今，支付宝、微信和银联卡可以在出租车、24小时便利店、餐饮店、超市、百货公司、酒店等商业设施普遍使用。

进入2024年，东京都、横滨市等日本地方政府的行政服务中心在收取市民交付各种手续费时，也允许使用中国的支付宝和微信支付。这意味着，三井住友银行等日本金融机构为中国支付宝、微信和银联提供了自动换汇结算的后台服务。中国电子支付完全融入日本社会和政府机关，成为日本金融体系的重要组成部分。

日本之所以以如此开放的姿态接纳中国的电子支付手段，主要是为了方便中国游客在日本的消费，同时也方便近百万居住在日本的华侨华人的生活。

6．日本人为啥还坚持用现金

上海有个"新天地",是外国人最爱聚集喝酒的地方,但最近很少看到外国人的影子。

原因众多,其中一大原因是外国人到中国没有微信支付和支付宝,寸步难行。"叫不到车,付不了钱。"这是外国人在上海的最大苦恼。

当全中国人民都在扫码生活的时候,外国人还生活在"旧社会"。在我们感到欣喜自豪的时候,有没有发现一个问题:消费缺少了公平性。

我以前写过一篇文章,谈日本人为何抗拒扫码支付,其中有一条,就是不愿意将个人的消费记录被大数据利用,不愿暴露个人的生活隐私。

不是外国人愿意生活在"旧社会",也不是外国人没有二维码技术,而是因为他们过于重视个人隐私的保护。

那么,日本目前扫码支付的比例是多少?

日本总务省发表的统计数据称,2022年度,扫码支付(日语称"コード決済")的比例仅为2.6%。

总务省的报告说,日本人在日常生活中,经常使用非现金支付的比例为93.3%,绝对使用现金的比例为6.7%。但是,现实生活中,大多数日本人依然是现金和非现金支付手段并用,这个比例是一半一半。

以我自己在日本生活为例,大额支付使用信用卡(1万日元以上），小额支付使用现金（2 000 日元以下），多数时候使用交通卡支付（数千日元的场合），扫码支付几乎不用。

日本总务省的调查称，2022 年度，非现金支付的比例上升到 36.0%，其中信用卡支付比例为 30.4%、扫码支付为 2.6%、交通卡等支付比例为 2.0%、银行现金卡支付比例为 1.0%。

为什么日本社会还在流行现金支付？

第一是许多地方还是坚持要求使用现金，譬如一些个人商店、拉面店、快餐店等餐厅，还有一些医院诊所。总务省的调查称，要求现金支付的医院诊所占 33.3%，中小店铺占 14.3%，商店街占 13.9%，理发美容院占 11.6%。

为什么这些地方还坚持现金支付呢？

因为这些店接受信用卡、扫码等支付的话，要另外被扣除手续费，对于小本经营者来说，不划算，而且现金回流周期太长。

第二是日本人对于现金的清洁感认知的比例很高。在日本，几乎见不到一张脏兮兮皱巴巴的纸币，每一张都有崭新感。这一方面是因为日元纸币的印刷纸张与技术好，另一方面是日本银行对于纸币的管理回收的要求十分严格。因此日本人对于使用现金没有抗拒感。

而对于一些顽固坚持使用现金的日本人来说，他们的生存法则是：用现金支付，可以感知到现金付出的沉甸甸的感觉，会更加珍惜自己的每一元钱。

7. 电商泛滥，日本百货店为何还能活得那么好

"到银座买酱油去！"社长夫人拎了小包就出门了，在家门口坐上前来接她的高级出租车。

车开到银座三越百货公司，地下有一家高级超市，社长夫人买了一瓶酱油，又买了一盒寿司，拎着三越的纸袋回到车上，悄然回家。

这一幕，发生在日本的泡沫经济时代，想说明的是日本人对于老牌百货公司的崇拜。

三越百货公司创业于 1673 年，至今已有 351 年的历史。除了三越，日本著名的百货公司还有伊势丹、高岛屋、大丸、松屋、西武、东急、丸井、SOGO 等。

当人类社会进入 IT 时代，商品不再需要摆在店家柜台上，而是可以展示在网页上。这种网上购物新消费业态的流行，使得传统的百货业遭到了毁灭性的冲击。这几年，日本一些地方城市频频传出"仅有的一家百货公司也关门了"的苦叹。

其实，日本地方城市百货公司的倒闭，不只是遭遇电商的冲击，更是遭遇"购物中心"这种新业态的冲击。这种有吃有喝，又可以逛的新商业设施，比传统的百货公司更容易聚集人气，更适合一家人的集体消费。

购物中心取代百货公司，已经成为日本地方城市的一股潮流。虽然贵妇们抱怨买不到世界名牌，也抱怨买不到高级首饰，

但是泡沫经济崩溃后长期的消费降级，使得大多数日本人对于购买世界名牌和高级服饰失去了兴趣，"不买也罢"成了许多人的生活心态。而这种心态，更是加速了一些百货公司倒闭的进程。

那么，日本的百货公司真的死定了吗？

2023年4月15日，日本各大百货公司发布了截至2023年2月的一年经营业绩报告。

高岛屋的利润比2022年度增加了41%，达到459亿日元，创下了1990年泡沫经济崩溃以来，相隔33年的最高利润纪录。

松屋百货店的营业额增加了31%，达到1 149亿日元。其中核心店铺的松屋银座店的营业额增加了35%，创下了1991年以来的最高纪录。

运营大丸、松坂屋百货店的JFR公司称，2023年度的营业额比2022年增加了15%，达到11 519亿日元。利润增加了2.2倍，纯利润增加了2.1倍，为299亿日元。

三越伊势丹百货集团在2023年4月至12月，总营业额增加了11%，达到9 102亿日元。利润增加了66.7%，达到409亿日元，均创下同期历史最高纪录。

为什么在时代的强烈逆风之中，日本这些百货店还能创造这么高的销售业绩？

成功的秘密在于三点：

第一，大胆的改革。这种改革就是"集中优势，抱团取暖"。近年来，日本几大百货公司均放弃了单打独斗的发展思路，而是采取了"组合拳"模式。日本排名最前的两大百货公司——

三越和伊势丹，宣布组建"三越伊势丹控股集团"。大丸与松坂屋也实行了经营统合。这种统合不仅使得店铺资源可以得到最大的发挥，同时，商品资源和资金实力也可以得到统筹运营。

第二，服务好"识别客户"。所谓"识别客户"，就是百货公司专用信用卡顾客、外商顾客（高级会员顾客）、APP会员顾客。为这些"核心顾客"提供专用贵宾厅、上门销售、会员打折、免费包装等服务。三越伊势丹公司称，2019年，识别顾客的比例仅为50%。到2023年，已经扩大到75%，这一群体成为百货公司最忠诚、最基础的收入保障。

第三，海外游客的增加。2023年，随着疫情结束和日元贬值，来自欧美和东南亚国家的游客大量涌入日本。以2024年2月为例，三越伊势丹百货集团的外国人免税营业额比2023年同月增加了2.4倍，三越银座店则增加了3.4倍。大丸松坂屋百货集团增加了3.3倍。这两大百货业集团的外国人购物营业额均超过了全年总营业额的10%。

日本这些百货店的经营战略与业绩说明了一点：天无绝人之路，只要用心经营，百货店也能活下去，而且会活得很好。因为在日本，百货店是一种商业文化，它始终有生存下去的社会基础。

8. 日本人的住宅为啥很少使用大理石

一早接到国内一位学者的电话，问我一个问题："为什么日本人的住宅中很少使用大理石或花岗岩？"

其实，早在几年前，我写过这样一篇文章。

日本的传统建筑是以木材为主，直到现在，日本大多数一户建也还是木结构加新型外墙材料。100多年前的日本明治维新时期，日本的建筑设计向西方学习，高层建筑的材料开始使用花岗岩和大理石。1920年动工兴建的日本国会议事堂就全部是花岗岩加大理石。受这种西洋建筑文化的影响，一些政治家和财阀的豪宅也开始采用"外墙花岗岩，内装饰大理石"的风格。

那么，日本是从什么时候开始，在建筑中逐渐开始放弃使用大理石和花岗岩呢？是在20世纪50年代后期，起因是日本政府实施的铀矿调查。

从1955年开始，日本政府组织了一些地质专家在日本列岛进行铀矿的调查，结果发现，大理石和花岗岩中铀的含量相对比较多。因为10年前，日本的广岛和长崎刚刚遭受过原子弹轰炸，人们对于制造原子弹的核心材料——放射性物质铀有一种本能的恐惧，于是日本社会出现了排斥大理石和花岗岩的风潮。

日本环境省（环保部）在2014年发表了一份《有关辐射等对健康影响的统一基本数据》的报告，这份报告是由环境省和国立研究开发法人放射线医学综合研究所共同调查研究完成的。

报告指出，日本各地都有大理石和花岗岩矿床，最多的是在岐阜地区，而且岐阜地区的矿床大多数是裸露在地层表面，因此，岐阜地区的自然辐射量是全国最高，每小时为0.057～0.110微西弗（uSv），而东京是每小时0.028～0.079微西弗（uSv），岐阜地区的辐射量要高于以平原为主的东京首都圈1.5倍。

地质学家们都知道，大理石和花岗岩中含有铀、钍和钾-40等放射性元素，这些元素可以通过其衰变链中的子代产生辐射，但通常其放射水平相对较低，况且不同的大理石和花岗岩的放射性物质的含量有多有少。

日本环境省的报告称，根据国际通常的标准，对人体健康构成危险的辐射量标准是：一年100毫西弗（mSv）以上。1毫西弗（mSv）= 1000微西弗（uSv）。

因为天然的大理石和花岗岩中有一定量的放射性物质存在，日本人小心起见，目前的住宅和办公大楼中避免使用它，即使使用的话，也是使用人工大理石和人工花岗岩。

日本环境省的这份报告还称，在日常生活中，其实人体遭受核辐射最多的是医疗和坐飞机。

日本环境省依据联合国与日本原子能安全研究协会的调查数据，向国民公布的自然与人工辐射量的数据：拍一张X光胸片所遭受的辐射量是0.06毫西弗（mSv），做一次CT检查所遭受的辐射量为2.4～12.9毫西弗（mSv）。CT检查的数值看上去很高，但是多数人一年也做不了一次。

从东京坐飞机往返美国纽约，所遭受的辐射量为0.11～0.16毫西弗（mSv），虽然看上去数值挺高，但即使一年来回飞100趟，最多也只遭受16毫西弗（mSv）辐射量，距离100毫西弗（mSv）的人体受害标准，还差很远。

9. 东京的房价为何涨得那么快

这几年，东京首都圈的房价涨得有点吓人。

日本不动产研究所公布的《2024 年首都圈新建公寓楼市场动向》报告显示，包括东京都、千叶县、埼玉县、神奈川县在内的东京首都圈，公寓楼平均每户（以实用面积 80 平方米计算）价格比 2022 年上半年上涨了 2 363 万日元（约 118 万元人民币），达到了 8 873 万日元（约 443 万元人民币），一年间房价平均涨了 26%。按每平方米计算，涨了 34.4 万日元，达到 132 万日元（约 6.6 万元人民币）。

这只是东京首都圈的平均涨幅，如果以东京市中心为例，高层公寓楼的涨幅更是达到了 40% 以上。

譬如，位于东京湾的"晴海旗"住宅区，曾经作为东京奥运会选手村，打开窗就能看到东京湾彩虹大桥和落日晚霞。8 000 万日元的房子（使用面积约 95 平方米，建筑面积约 130 平方米），如今的出售价已经涨到了 1.3 亿日元（约 649 万元人民币），涨了 60%。

"晴海旗"在 2024 年 6 月开盘的 2 栋 50 层公寓楼"SKY DUO"，共 1 455 户，开盘当天就宣告售罄，而且抽选倍率高达 35 倍。最上层的 3LDK（三室一厅）的销售价格是 3.49 亿日元（约 1743 万元人民币），面积最小的一室一厅（净面积 38 平方米），售价也达到 4 800 万日元（约 240 万元人民币）。

但是，与六本木地区新建超高层大楼"麻布台ヒルズ"（"麻

布台之丘")相比,晴海旗的房价还是微不足道。

"麻布台之丘"是一个庭院化和智能化相结合的综合商业设施,其主楼高330米,与东京电视塔处于同样的高度,是目前日本最高的建筑。它的高级公寓的平均售价,高达20亿日元(约1亿元人民币),而最顶层(64层)的三套房子(每套净面积约300平方米),每套房子的售价更是高达200亿日元(约10亿元人民币),而在4年前建成的"虎门城"高层公寓楼的最顶层的300平方米房子,才45亿日元(约2.25亿元人民币)。

"东京疯了",这是许多日本人对于东京房地产市场的评价。

为什么东京的房价会涨得发疯?

第一个原因,也是最大的原因,是日本出现了"回归都心"热。

经过新冠疫情的冲击,人们越来越感觉到居住在山清水秀的郊区地带的不便,不仅上下班耗费时间,而且医疗资源和商业设施太少,缺少现代化城市的元素,"虽然满眼绿色,但都是寂寞",这是过去几十年间居住在郊区一户建(别墅式小楼)中的居民们的最大生活感受。

于是,"回归都心"(回归东京都市中心)成了富裕阶层所渴望的事情。

第二个原因是日本出现了一群"暴发户"。

安倍晋三于2012年底重新执政后,推出了"安倍经济学",采取了"实施宽松货币、扩大公共投资、振兴地方经济"的三支箭政策,其结果,东京股市的平均股价从8 000日元猛涨到现在的32 000日元。2021年度,日本4家上市公司中有一家的纯利润创下了历史最高纪录。2022年度,更是有近三分之一的上市公司的纯利润创下了新高。

这两大因素使得日本社会催生了一批"暴发户",东京市中心新建的高级公寓楼也瞬间成了抢手货,"麻布台之丘"最高层的200亿日元的一套房子,均被现金买断。

第三个原因是新建公寓楼的居住品质保障。

东京正在开始新一轮的城市改造,而改造的模式就是拆除老房子,建造工作、生活、居住于一体的"城市综合体",这一"城市综合体"中,不仅有办公楼,还有综合商业区,还有高层公寓楼。像"晴海旗",还有保育院、幼儿园和中小学校,有完善的商业设施、医院和养老院等设施。

而且,高层公寓楼均实施智能化管理,并且24小时有管理团队值班,万一生个病,按一下家里的紧急按钮,就会有管理人员前来救助。一楼大厅有高级的会客厅,管理人员可以代叫出租车,代收快递,实施五星级酒店式服务。

第四个原因是外国人的投资。

有传说称一名中国内地人一口气买下了"晴海旗"的20套房子,中国香港某位明星掏30亿日元买下了"虎门城"的一套公寓楼。

东京的房价比北上广深还是便宜,这是不少中国人到东京买房的一大驱动力。

当然,在东京投资房产的不只是中国人,还有不少新加坡人和韩国人。

第五个原因是日本经济的好转。

各项指数显示,日本经济正在走出泡沫经济崩溃30余年的阴影，开启新一轮的经济发展期。企业盈利大幅增加，员工工资也出现了上涨，"明天的日子一定会更美好"，这一信心定力，也使得不少日本人愿意贷款购买新房，助推了东京房价的高升。

东京的房价会不会再涨？日本不动产研究所称："还没有摸到天花板。"

10. 一年遭受十余次台风，东京为何不会淹

东京都是日本的政治、经济、文化中心，人口1 400万人，而东京首都圈的人口达到3 600万人，是世界最大的都市群。

日本平均一年要遭受11次台风的袭击，其中有一半会穿越或接近东京。东京平均一年的降雨量为1 800毫米，台风穿越时，一小时降雨量最大会达到100毫米以上。

但是我们发现，无论多大的暴雨，东京很少发生被淹的现象。东京为何能够做到这一点？这与东京都的"海绵城市"建设密切相关。

东京这座城市是建立在一个临近太平洋的平原上，三面环山，东面朝海，一旦下雨，山上的水就会往整个城市里流，因此，东京市中心形成了隅田川、荒川和江户川三大河流。

我去日本国土交通部采访的时候，遇到了"水管理与国土保全局"副局长平田先生。他告诉我，东京都的防洪排涝主要是实施两大关键点：第一是如何保证来自周边山区的洪水通过三大河流尽快地排入海中，不会溢出河堤流入市区。第二是城市的积水如何尽快地通过地下排水系统流入大河，不至于淹没道路和城区。

那么，东京是如何做到这两点的呢？首先，日本国土交通省和东京都政府对于流经市中心的多摩川、隅田川、荒川和江户川四大河流，分别成立了各自的河川管理所，对这四条江河

进行疏通和监控管理,所有的江河都筑有牢固的大坝,同时拥有开阔的河床,没有发生过河水溢出大堤的事情,更没有河水冲垮大堤的情况。在城区的排涝方面,东京都建立了两大系统:第一是路面积水的迅速排放系统,第二是地下水的蓄水系统。

20世纪六七十年代,东京也是一个多涝之城,因为城市排水系统比较简单。从20世纪90年代开始,日本实施"海绵城市"的建设方案。这一海绵城市的建设,主要分为三步:

首先,是路面雨水排涝。

大家如果去过东京银座的话,仔细看一下它的路面,就会发现,它的路面不是水泥大道,也不是石板道或者大理石路面,而是比较粗糙的碎石路面,这种碎石路面有许多细小的空隙,它是干什么用的呢?就是排水。也就是说,当下暴雨时,雨水不是流入路边的排水孔,而是直接从地面渗透到地下。

而路面的下方,是一个大型的排水沟,雨水通过路面直接渗透到排水沟,再通过排水沟进入地下排水系统,因此不管下多大的雨,路面上都不会出现积水。东京城区不会出现积水,是道路的渗透功能立了功劳。

其次,是地下蓄水分洪系统的建设。

雨水进入地下排水系统后,在河水泛滥且水位高出地面的情况下,雨水很难直接排到江河中。那么,这么多的雨水往哪里流呢?东京想出了第二个办法,就是建设地下水库。

东京整座城市大大小小的地下水库已经达到了37座,每一座地下水库的蓄水量都在3500吨左右,可以在短时间内将地面的雨水收集起来。地下水库管理公司还可以根据气象预报,随时调整地下水库的存水量。等到天气好时，再把这些地下水排入江海中，或者使用大功率抽水机直接抽排到江海中。

东京首都圈还建成了全世界最先进的全城地下分洪系统，这个地下分洪系统标准名称叫"首都圈外郭放水路"，实行的是全程计算机遥控管理。

这个分洪系统有多大？它是一条位于地下50米处，全长6.3千米、直径10.6米的隧道。隧道连接着东京市内长达15 700千米的城市下水道。

我参观过这一工程。管理中心位于东京都北郊的埼玉县春日部市，由江户川河川事务所管理，总投资2 400亿日元（约合人民币220亿元），从1992年开始建设，整整花了15年，在2007年才全部建成。

隧道通过5个高65米、直径32米的竖井，连通东京首都圈的几大河流，作为分洪入口。隧道的末端，还有一个高25.4米、长177米、宽78米的巨型地下水库，蓄水量为67万立方米，59根重达500吨的水泥柱子可以抵御洪水的冲击，4台1.4万瓦力的燃气轮机驱动的大型抽水机，可以将库水以每秒200立方米的速度抽入江户川，将水排入大海。也就是说只要两三秒钟，可以把一个游泳池的水抽干。

这个巨型的地下水库只在雨季才使用，平时是干的，可以免费参观。日本人把这个地下水库叫作"地下神殿"，电影《唐人街探案3》在那里拍过不少镜头。

最后，是建筑物雨水收集蓄水系统。

城市排涝光靠政府努力是不够的，民间也必须承担起相应的社会责任。

　　日本在20世纪90年代修改了建筑法，要求大型建筑物和大型建筑群必须建设地下雨水储存和再利用系统，也就是要求各家"自扫门前雪"。

　　这一系统就是将建筑物周围500米的雨水收集起来，储存于地下的储水库中，而在平时，这些雨水将用于冲洗大楼的厕所和浇灌花木等。

　　2012年建成的新东京电视塔"天空树"，高634米，其地下雨水储存和再利用系统还增加了一个"空调"功能：当天气变冷时，将这些地下水库中的水加热，热量通过特殊的空调系统为整个电视塔室内供暖。而到了夏天，地下水温低于电视塔的室温，于是寒气再通过空调系统给电视塔供冷降温。

　　"海绵城市"的建设需要投入一定的资金，但是，与一场暴雨淹没城市所造成的财产与生命的损失相比，这些投资建设资金，显然是微不足道的。对一座城市的守护，城市排涝系统的建设是关键！

11. 东京这座国际大都市是如何发展起来的

东京算不算日本的首都？东京人说"算"，京都人说"不算"，因为直到现在，京都人依然认为京都是日本的首都，他们把 150 多年前，明治天皇从京都去东京视察一去不复返称作"出张"（出差）。直到今天，京都的皇宫还在，称为"京都御所"。日本天皇去京都，必住京都御所。

京都是日本的千年古都，这个"千年古都"的意思，不是 1 000 年前曾经作为都城，而是 1 000 多年间，一直是都城。

那么，东京是如何发展起来的呢？

早在 1457 年（中国明朝代宗景泰八年），当时的领主太田道灌在武藏国丰岛郡滨海地带建立了一个防御性的城堡，这就是最初的江户城。

为什么取名"江户"？因为这块领地的前领主名叫"江户"。

1603 年，德川家康被封为日本的征夷大将军，开启"德川幕府"时代。他选择江户作为其政权的中心，并开始大规模扩建江户城。他下令挖掘护城河，修建石墙和橹木，构建了多重防御线，使江户城成为当时日本最大、最坚固的城堡。同时，城市的建设和发展也在加快。城堡的周围出现了商业区和住宅区，许多武士和商人开始聚集在这里，使江户城逐渐发展成为一个繁华的都市。

江户城的发展也带动了整个江户的繁荣。城市的人口迅速增长，商业活动日益活跃。文化也得到了繁荣，歌舞伎、浮世绘等艺术形式在此时兴起，为后世留下了丰富的文化遗产。与此同时，江户城成为日本的政治中心。各地的大名（诸侯）都需要定期到江户城向德川将军报告工作，并在此居住一段时间，这就是所谓的"参勤交代"。

德川幕府对外实行锁国政策，严禁日本人与外国贸易，把外国商人和传教士驱逐出境，只许同中国、朝鲜、荷兰等国通商，而且只准在长崎一地进行。这一政策的实施也使得日本度过了200多年的稳定发展期。

到明治维新之前，江户的人口已经达到了100万人，是远东地区最大的城市之一。

到了1868年，随着明治时代的到来，德川幕府被废除，长达265年的德川将军专权的时代结束，日本实施了"大政奉还"——将国家管理权从德川家手中交还给了天皇。

明治天皇从京都迁到了江户后，将江户更名为"东京"，江户城也被改称为"皇居"，并成为天皇的御所，直至今日。

江户时代，东京最繁华的地区，不是银座，而是日本桥。

1590年，德川家康入住江户后，从大阪地区带来了30多名渔民，因为江户城面海，有一个巨大的海湾。这些渔民在江户湾（今东京湾）建造了一个人工岛——佃岛，并以此为据点开始了海上捕捞。由于东京湾鱼类丰富，这些渔民将鲷鱼等高级鱼献给德川将军府，其余的鱼类开始在河岸边出售，逐渐形成了一个巨大的鱼市场，这个鱼市场的地点就是"日本桥"。

1603年，开创了江户幕府的德川家康提出建设全国道路网的计划，以日本桥为中心，构建了东海道、中山道、日光街道、奥州街道、甲州街道，史称"五条街道"，其实是五条国道。

日本桥就是在那个时代建造的。当初是一座木结构的大桥。那时候，周边没有高层建筑，站在桥头，可以一眼望见富士山。

鱼市场的繁荣带动了商业的繁荣，日本桥地区很快就成为江户最大的商业区。

1673年，江户最大的吴服店"越后屋"在日本桥附近开业，这就是如今的三越百货公司的前身。然后，德川幕府又在日本桥地区设置了"金座"（铸金所）和"银座"（铸银所）。到了幕府时代，这一地区很快成为金融中心。

1873年，日本最古老的银行——第一国立银行（现瑞穗银行）由近代"商业之父"涩泽荣一在日本桥设立，随后日本银行也在日本桥设置。

如今，日本桥地区依然是日本金融中心，东京证券交易所、野村证券等一大批证券公司都集中在这里。

虽然，"金座"已经消失，但是，"银座"却从明治维新时代开始，逐渐取代日本桥，成为东京新的商业中心。

1935年，日本桥鱼市场迁到了筑地。2018年，又迁到了丰州。

日本桥多次修缮重造，并于1911年改建为花岗岩制双拱石桥。现在已经是第20代日本桥了，被列为日本的重要国家文化财产。

日本桥是三井财阀的发祥地和根据地，最近几年，以三井不动产为先导，开始了日本桥地区重新开发的热潮。

在这里，你既可以看到林立的现代摩天大楼，又可以找到老式的商店和寺庙。这种和谐共处的景象让人感受到日本桥独特的魅力。

一座桥,见证了东京从小渔村成长为世界级的大都市,也见证了日本从封闭走向开放,从贫穷走向繁荣的历史。日本桥或许会取代银座,再次成为日本的商业中心。

12. 日本国宝级百货店走过了350年的路

前些天，我去东京日本桥，逛了一圈三越百货公司的总店（本馆），也就是三越日本桥店。

三越百货公司是日本历史最悠久的百货公司，创业于1673年，那一年是中国清朝康熙十二年。到2023年，三越百货公司走过了350年的发展历程。

三越百货公司在东京日本桥创业时，是一家"吴服店"，也就是一家服装店。日本人最初把"和服"叫作"吴服"，是因为他们认为"吴服"是来自中国的"吴国"。

"吴国"是三国时代孙权在中国东南部建立的，与魏、蜀三分天下。其国都位于现在的江苏省南京市，当时叫"建业"。无锡和相邻的苏州、杭州是中国丝绸的主要产地，是中国纺织业最为发达的地区。同时，自古以来，江浙一带是中日交流的主要门户，日本遣唐使抵达中国的主要上陆口岸明州，就是现在的宁波。

虽然过去了1 000余年，现代的日本人大多已经习惯将和服称作"着物"，但是，出售和服的店，还是叫作"吴服店"。

三越百货公司创立时叫作"越后屋"，创始人是来自三重县伊势地区的商人三井高利先生。三井高利先生把"越后屋"做成了江户时代最大的吴服店，并以此奠定了"三井家"发展成为"三井财阀"的基础。

1893年，"越后屋"改组为"合名会社三井吴服店"。到了 1904 年，在日本推行"株式会社"公司制度的风潮下，公司再度改名，在取名时，从创业一族的"三井家"和最初的店名"越后屋"各取一字，命名为"株式会社三越吴服店"，这就是"三越"百货公司名称的由来。

1914 年，三越吴服店开始建造新馆，耗费了 3 年的时间，在日本桥建成了当时日本最为豪华的百货店，地上 5 层，采用当时最新的钢结构幕墙建筑技术，整栋大楼的建筑风格为欧洲文艺复兴的风格。同时，大楼内设置了当时十分罕见的滚动式电梯（自动扶梯）。

1923 年，日本关东地区发生 8 级大地震，东京许多建筑被毁，三越吴服店大楼虽然抗住了这次大地震，但是因为发生火灾，所有的商品被烧毁。一周后，三越公司从大阪等地紧急调集了大批的物资，在东京的银座、上野、新宿等地摆摊赈灾，在东京市民中留下了极好的口碑。

此后，三越公司花费 6 年时间对百货大楼进行了整修和增建，大楼也变成了 7 层楼，不仅保留了文艺复兴时期的风格，同时在外墙和内部装饰上融入了法国的装饰艺术。

如今，三越百货公司的这座日本桥本馆，已被日本政府指定为"国宝"建筑。

值得一提的是，1932 年，从浅草车站始发的银座线地铁要经过日本桥，三越百货公司自己掏钱，让地铁穿越百货大楼地下，并在大楼底层设置了"三越前站"，这也是日本第一座以企业名称命名的车站。这座车站的设置也为三越百货公司带来了大量的客源。

其实，许多外国游客知道"三越"百货公司并非日本桥老店，而是位于银座十字路口的三越银座店，俗称银座三越。

银座三越百货店建于1930年，是关东大地震发生后实施灾后重建的代表性建筑之一，马上也要迎来"百岁"的纪念之日。如今，银座三越百货公司的营业额的30%来自海外游客的贡献。

银座三越百货店的地下是银座线地铁的最大车站——银座站，从这里坐3站地铁，就是三越前站，出来就是三越日本桥总店，有机会可以去日本桥总店逛逛，在那里，能够看到国宝级百货店的历史风貌。

虽然三越百货公司走过了350年的岁月，但是如何面对现代电商的崛起，如何面对低欲望时代的到来，各种各样的课题已经摆在了经营者的面前。三越面临的挑战，也将是日本百货业的挑战。期待三越再创辉煌，为日本百货业闯出一条新的发展之路。

13. 日本如何利用 AI 来解决老人出行问题

在东京羽田机场看到了一种能自动行驶的轮椅。很好奇它的性能，于是体验了一把。

东京羽田机场是一座 24 小时机场，也是日本最大的机场，从安检口到乘机口往往有些距离。这些轮椅就放在安检口附近。

这种自动行驶轮椅谁都能坐，主要是提供给年老和行动不便的乘客使用，从安检口到各个乘机口之间，可以自动驾驶。

我坐上之后，手机大小的操作模板上会显示你要去的登机口的号码，你按一下号码，轮椅就进入自动驾驶状态，它会有 20 秒的倒计时时间，让乘客做好准备。20 秒结束，就开始自动行驶。

自动行驶轮椅的行驶速度大约为 5 千米/时，遇到行人会自动慢速停驶或绕行，伴有轻轻的叮当铃声，提醒周边的行人。

从安检口到我要去的登机口，正常步行的话，大约是 5 分钟，这辆轮椅行驶了 11 分钟，虽然速度慢了一些，但是对于行动迟缓不便的老年人和残障人士来说，是一个很好的交通工具。

据悉，制造企业期望这把轮椅今后能够在大街上行驶，方便行动不便群体的出行。

日本是全世界老龄化程度最高的国家，三人行必有一位老人，目前 65 岁以上老人的比例已经占到了总人口的 28%。

一方面，出生率持续降低；另一方面，老年人越来越长寿。今后谁来照顾老年人，谁来担负整个社会的运转？要解决人手不够的问题，唯有依靠人工智能（AI）技术与设备。

整个社会"自动驾驶化"已经成为日本政府设定的一个社会发展新目标。根据这一新目标，日本将在2025年实现L4等级的自动驾驶，并在全国建设至少50个自动驾驶示范区。

北海道上士幌町位于整个北海道的中心，是个半山区。面积比整个东京都市中心的23个区还要大，但是人口只有5 000人，这个以农牧业为主的小镇，65岁以上老年人的比例已经超过了35%，同时年轻人都离开家乡去了外地工作，人口的大幅减少，也造成了这一小镇的"过疎化"（过疏化、过于稀少化）问题。

从2022年12月开始，这个小镇投入了2辆自动驾驶等级为L4的小型巴士，主要行驶于团地小区与超市、医院和町政府之间，便于人们的出行，行驶时速为20千米。

这辆自动驾驶巴士没有驾驶台，但是暂时配置了一名驾驶员作为管理人员站在车内照顾上下车的乘客，以防发生意外。

从正式投入运营到现在，这辆巴士一直行驶在小镇的各个角落，利用者最多的是上交了驾照的老年人。

像上士幌町这样投入自动驾驶巴士的乡镇，日本还有5处，主要是为了解决老年人出行和驾驶人员不足的问题。

日本社会目前面临的还有一个社会问题，是"2024年问题"。因为从2024年开始，日本修改了道路交通法，对于跑长途的卡车司机的驾车时间实施了限制，以防止疲劳驾驶引发交通事故。这样一来，跑长途的司机就会人手不够，运输公司遇到了最为头疼的问题。

日本三井物产公司和一家人工智能开发公司一起成立了"T2"公司，已经在政府的允许下，在高速公路上开始了大卡车的L4等级的自动驾驶实验性运营。L4等级的系统技术，可以完全实现在高速公路上点对点的自动驾驶。"T2"公司计划在2024年，于东京和大阪两大城市之间，实施货车的无人驾驶。

"少子老龄化"问题是人类社会面临的共通问题，日本的"自动驾驶社会"的建设实验，也许能够给其他国家解决这一问题提供一种参考案例。

14. 日本百年监狱改造成五星级酒店

假如把一座百年监狱改造成五星级酒店,你愿不愿意住?
还真难回答。

这一改造工程已经在日本古都奈良市如火如荼进行中。

这座监狱名叫奈良监狱,与东大寺相邻,建于明治时代的1901年,距今已有120余年的历史,是日本"明治五大监狱"之一。2017年,奈良监狱结束了监狱的使命,并于同年被日本政府认定为"重要文化财产"(重要文化遗产),因为它是日本现存的唯一一座明治时代的监狱。

整座监狱的建筑属于罗马式风格,五栋监狱牢舍呈放射形而建。另外还有一栋办公楼。

罗马式建筑风格的特点是厚实的砖石墙、窄小的窗口、半圆形拱券、逐层挑出的门框装饰和高大的塔楼。罗马式建筑的墙体巨大而厚实,因此显得沉重封闭,给人以雄浑庄重的印象,经过100多年的岁月洗礼,依然显示出这一建筑的美感。

一部分奈良市民呼吁拆除这座监狱,因为那里有不少的冤魂。但是,市政府认为,既然是历史文化建筑,就应该保留。

但是,保留后做什么呢?

日本著名的高级酒店经营集团——星野酒店管理公司给奈良市政府提供了一份改造方案,将整座监狱改造成一座五星级酒店,然后再保留一部分区域作为监狱资料馆,一部分区域与相邻的鸿池运动公园连成一片,建为市民文化公园,作为奈良古都的新的文化传播地和观光新区。

奈良市政府很快接受了星野酒店集团的方案，觉得这是打造"新奈良"的一个契机。因为一直以来，奈良给人们的印象就是寺院和神社。如果将奈良监狱进行改造后，可以让人们增加对日本近代历史和文化的理解，并通过打造市民文化公园，将体育、文化、旅游资源融合在一起，给奈良市增添现代都市的元素。

设计规划图已经出来了，整个奈良监狱原有的建筑都将保留原貌和结构，星野公司只对每座牢房内部进行现代化的改造，把它改造成符合五星级标准的酒店客房。

这座"监狱酒店"将在2026年春季正式开业，共设计48个房间，每一晚的住宿费设定在5万～8万日元（约2 500～4 000元人民币）之间。

到时候，去日本旅游，不妨体验一下。据说关重犯的"独房"就是单间只有5间，会是一房难求吗？拭目以待。

15. 日本癌症治愈率和 5 年生存率为何比较高

人类有两大致命疾患，一是癌症，二是心脑血管疾病。癌症的治愈率较高，而心脑血管疾病则因为大多没有预兆而突发，猝死率很高。

日本是一个癌症多发的国家，日本国立癌症中心称，以 2021 年的数据为例，49% 的日本男性、37% 的日本女性都会因为各种原因患上癌症。也就是说，2 个男人中有一个，3 个女人中有 1 个，一生中就会被查出癌症。

但是，从死亡率来看，男性癌症患者的死亡率为 26.2%（4 人中 1 人死亡），女性死亡率为 17.7%（6 人中 1 人死亡）。

国立癌症中心的调查统计显示，日本排名前 5 位的癌症，分别是大肠癌、肺癌、胃癌、乳腺癌、前列腺癌，死亡率最高的癌症前五位是：肺癌、大肠癌、胃癌、胰腺癌、肝癌。

根据 2009 年至 2011 年的跟踪统计数据，癌症患者 5 年的生存率平均为 64.1%，其中男性为 62.0%，女性为 66.9%。这个数据是位居世界前列的。

日本癌症治愈率和 5 年生存率之所以比其他国家高，最主要的原因有三点：一是全民体检，早期发现；二是良好的癌症治疗技术；三是完善的医疗保障机制。

虽然住院治疗费用也不少，但是，因为日本有"高额疗养费制度"，对于年收入在 600 万日元（约 30 万元人民币）以下的人，其1个月的医药费如果超过8万日元的话，依照这一制度，不管最终医药费达到几百万甚至几千万日元，个人只需要承担8万日元（约4 000元人民币），超过部分不管多少，全部由政府买单。

日本的医保制度也实施"三七开"制度，也就是说，个人承担30%，政府承担70%，但是，由于日本政府规定，凡是列入处方药的所有药品（包括进口药），共20 348种（到2022年12月），全部适用于"三七开"的医保制度，不存在需要个人掏腰包自费购买高价药的问题。也就是说，在日本因为癌症治疗住院，个人需要承担的医药费一般不会超过1万元人民币。

所以，在日本社会中，不会出现"因病致贫"的问题。同时，因为在日本学习工作和生活的外国人，包括留学生，都加入了日本国民医疗保险，因此均可以享受与日本人同等的医保制度，即使生大病，也不会在经济上遇到麻烦。

但是，如果外国人在没有加入日本医保的情况下到日本看病，不仅医疗费需要100%支付，一些有名医院的收费标准还可能会高一些。但是，以癌症治疗为例，日本自费治疗癌症的费用，一般也不会高于其他国家。

16. 东京这座城市是如何建设与管理的

东京都是一座国际大都市,居住人口1400万人。

东京都周边的都市群是世界最大的都市群,被称为"东京首都圈",包括副都心的埼玉县、成田机场所在的千叶县、横滨市所在的神奈川县,总人口为3600万人。

东京首都圈是从20世纪50年代后期开始建设的,那个时期,日本正好进入战后复兴期,如何在被美军轰炸成废墟的土地上建设新的城市?1956年,日本政府制定了《首都圈整备法》,将东京都和周边的群马、山梨、茨城等7个县纳入了"首都圈"的范围。但是,由于范围实在太广泛,最后,首都圈的建设集中在了东京都、埼玉县、千叶县和神奈川县,称为"一都三县"。

当时,日本政府确定的方针是:

第一,将商务区、商业区与居住区实行严格的规划区分,市中心集中建设商务区和商业区,居住区设置在市中心的外围区域,形成"工作在市区,居住在郊区"的格局。

第二,把东京都周边的城市建设成卫星城市,形成现代化的大都市群。

第三,以东京湾为中心,打造世界级的产业与科研中心,形成"东京大湾区经济"。

第四,在卫星城市里建设新居民区,让外来民工拥有自己的一户建房子。

要实现首都圈建设的这四个方针,重中之重就是要建设跨县境的交通网络，尤其是地铁和轻轨、城际列车等轨道交通的建设，用快捷的轨道交通将首都圈的各个城市与角落贯通成网状的交通网络，便于人们的出行。

经过30多年的建设，到20世纪90年代初，东京首都圈已经形成了新干线、城际快速列车、轻轨、地铁的轨道交通网络，线路多达40多条。轨道交通延伸不到的居民区，则用公交大巴作为辅助连接。

于是，居住在埼玉县、千叶县、神奈川县的企业战士们每天一早挤上各种轨道交通，浩浩荡荡地涌入东京市中心上班，晚上又坐上轨道交通疲惫不堪地回家。有统计数据说，这支移动部队每天有600万人。

如何避免这600万人直接涌入市中心，造成城市拥挤和交通瘫痪？

东京都采取了一个办法——分流。

即将城市的商务和商业中心、交通中心进行分散，由以东京车站为中心的传统商务区和商业区 (金融街的日本桥、商业街的银座和有乐町、中央商务区的大手町和丸之内) 的功能分流到城市的其他地方，形成新的商务与商业、交通枢纽相融合的城市核心功能区。

为此，东京在城市建设中，构建了五大核心功能区，分别是：

东部功能区：以东京车站为中心的周边区域是东京规模最大也是最为繁华的区域，其交通枢纽主要连接千叶县和埼玉县。

西部功能区：以新宿车站为中心的周边区域。东京都政府从东京车站前的丸之内搬到新宿，建设东京副都心。新宿车站

500米之内，有高岛屋、伊势丹等五大百货公司，还有歌舞伎町。其交通枢纽主要连接东京西部卫星城和山梨县。

北部功能区：以上野车站为中心的周边区域。这里是日本最大的文化区，集中了许多国立博物馆和美术馆。其交通枢纽连接埼玉县、茨城县、栃木县和群马县，是东京的"东北窗口"。

南部功能区：以品川车站为中心的周边区域。集中了索尼、佳能等众多世界500强企业总部，其交通枢纽连接神奈川县和静冈县，新干线更是连接大阪、京都、福冈等大半个日本。

西南部功能区：以涩谷车站为中心的周边区域，集中了东京最多的IT和互联网企业，有"日本硅谷"之称，也是日本年轻人的购物游乐天堂，其交通枢纽主要连接神奈川县。

这五大城市核心功能区的布局，起到了三大作用：

第一，刹车作用。五大车站设置了许多终点始发站。通过这些终点始发站，使得居住在周边卫星城市的人们不会全部直接涌入东京市中心，而是通过这五大交通枢纽中心进行截流和分流中转，缓解东京市中心的交通压力。

第二，中心作用。由于这五大功能区"单独成市"，既是商务办公区，又是繁华商业区，还是交通枢纽中心，因此很快就成为居住在周边地区的民众的工作与生活活动中心。譬如我住在东京的东边，购物娱乐会以银座为主，一年间跑去新宿的次数估计不到5次。同样，住在西边的人，没事不会跑到银座来。

第三，城门作用。五大核心功能区均以车站为中心建设，而这些车站又大多数是连接周边县和卫星城的列车始发和终点站，因此，自然就成了周边县与东京都进行交流的一个"城门"。

譬如，日本东北地区的农产品展销活动永远都是放在上野车站，而不会挪到新宿区。同时，周边各县政府的市民办证中心派出机构也大多设置在交接的功能区里，以方便在东京工作的县民们办理各种证明。

以枢纽车站为中心构建区域商务、商业和生活中心，是东京城市建设的最成功的经验。

17. 东京鱼市场将变成新商业国际文化中心

去了一趟东京的"筑地",跟几位意大利人一起挨着屁股吃了一顿寿司。

筑地紧挨着日本最繁华的商业区——银座,被称为是"东京大厨房",因为东京首都圈每天近 4 000 万人的吃喝——水产品和水果蔬菜都是在这里交易与供应。

"东京大厨房"以前在银座附近的日本桥,17 世纪,那里设立了一个名叫"鱼河岸"的市场,此后 300 余年间,这个市场一直支撑着江户(现东京)人的饮食生活。

1921 年,东京发生了关东大地震,"鱼河岸"市场被震毁。于是日本政府决定在筑地建设新的水产品交易市场,叫东京中央批发市场,俗称筑地市场。

为啥叫"筑地"?因为这一块地是向东京湾围海造田填埋出来的。

1935 年,筑地市场建成投入使用,这里不仅是东京的新厨房,而且围绕这个市场的外围,建起了一条条海鲜美食一条街。近百年间,筑地一直是日本人的乡愁之地,因为第二次世界大战后从农村到东京来寻找机会的年轻人,许多人的第一份工作就是在筑地搬送鱼货。而对东京人来说,如果谈恋爱没有到过筑地吃过海鲜,那就不算恋爱。

2018 年,为了举办东京奥运会,东京都政府将"东京中央批发市场"从筑地搬迁到了江东区的丰州地区。

鱼市场没了，美食街还在，筑地鱼市场的建筑有些陈旧，但是很有昭和时代的风貌与韵味，人间烟火气依然浓郁，不仅日本人恋旧，而且这里还成了外国游客的网红打卡地。

那么，空关了6年的筑地市场到底应该如何重新开发？

关于这个问题，东京都政府和各路专家进行了多番讨论，并邀请日本最大的几个商业地产开发集团拿出开发建设方案进行投标竞争。2024年4月25日，筑地再开发审查委员会宣布，由三井不动产集团领衔，丰田汽车公司、读卖新闻社、鹿岛建设等11家企业共同参与的开发建设组合体获得了筑地市场地区的开发权。

筑地市场的面积约19万平方米，濒临东京的母亲河——隅田川和东京湾，加上与银座地区相连，这个地区从地理位置来看是绝对的"黄金地段"。

那么，接下来的筑地市场该如何开发呢？

根据三井不动产集团发表的消息，筑地今后将建设成为东京新商业中心，也将成为日本新国际文化和体育赛事中心。它将融入三大功能：未来健康创新之都、美食与文化体验的新生活区、日本的新国际迎宾中心。

根据规划，筑地市场地区将建造9栋建筑，包括一座大型多功能综合室内体育场、生命科学与商业综合设施、国际会议与会展中心、五星级酒店和2栋高层公寓楼，以及一座游艇中心和一座综合文化大剧院。

其中，大型多功能综合室内体育场将取代目前日本最大的室内综合体育设施——东京巨蛋（东京ドーム），座位也从东京巨蛋的 2 万人扩展到 5 万人，分为固定座位和可移动座位，屋顶为自由开闭式，除举办各种体育赛事之外，还将邀请海内外艺人举办各种演唱会和展览会。

除这些建筑外，还将建设一条从东京车站始发经过筑地连接东京羽田机场的"临海地铁线"和首都高速公路的新出口。今后，这里也将是东京飞行汽车的最早飞行区，还将开通多条海上上下班快艇航线，成为东京新的"海陆空"交通中心。外国游客在银座购物之后，步行 10 分钟就可以到筑地吃喝玩乐，体验日本的新科技、新文化和各种美食。

根据计划，部分设施将在 2029 年投入运营，整个地区的整体开发将在 2032 年基本完成，总投资约 9 000 亿日元（约 420 亿元人民币）。

面对 21 世纪和 AI 时代，东京这座国际大都市该如何改造？"麻布台之丘"的"城中城"建设是一种模式，而筑地市场综合大开发计划，以及将采用哪些新技术、融入哪些新理念、建设哪些新设施，非常值得我们关注与学习。

18．日本准备在月球上建造城市

2019年，美国公布了一项重新登月的计划——阿尔忒弥斯计划，要让人类在相隔半个世纪后，重新登上月球。

半个世纪前，人类已经登上了月球。半个世纪后，人类再次登上月球，绝不是稀罕之事。稀罕的是，这一计划的最高追求是要在月球上建设一座"月城"，供人类长期生活居住。

或许美国人自己搞不定，把这一建城的任务交给了日本。

于是，日本开始了"月城"的建设研究，这项研究，要解决三个问题：生活设施楼宇的建设、能源与交通问题、无线通信网络的构建。

这三个问题，由国立日本宇宙航空研究开发机构组织解决，京都大学、鹿岛建设、丰田汽车、NEC、NTT等机构和公司参与。

这一计划提出到现在已经过去5年，日本的研究到底取得了什么成果？

2022年7月5日，京都大学和鹿岛建设公司举行联合记者会，发布了"月城"生活设施的概念图，宣布联合研制可以在月亮和火星上生活的建筑设施，并开发可以往来于地球与月球、火星的"银河列车"。

记者会上发表的生活设施"火星玻璃杯"的概念图。由于月亮的重力只有地球的六分之一，火星的重力只有地球的三分之一，所以需要研发能够在月亮和火星上生活的不同的"玻璃杯"。概念图显示，考虑到人类在月球和火星上生活所面临的重力问题和长期滞留在其上面的生活健康等问题，需要将离心力和月球、火星的重力加以融合，创造出如同地球一样的重力，因此，生活设施的形状如冰激凌，而且处于回转状态，以抵消离心力。

这个生活设施的规模是直径200米，高200～400米，可以供1 000人在这栋楼里工作生活。

另外，为了实现人类自由往来于地球、月亮与火星，两家公司正在开发人工重力的宇宙列车，类似于新干线列车的大小，作为"银河列车"供人类自由使用。

京都大学SIC载人宇宙学研究中心主任山敷庸亮在记者会上说："其他国家的宇宙开发计划中还没有这一技术，这是确保今后实现人类宇宙移居的核心技术。"

丰田汽车公司承担的是"月球汽车"的研发。

众所周知，丰田是氢能源汽车研发的高地。丰田汽车公司发表了"月球汽车"的概念图，设计的自然是氢能源汽车。

这辆氢能源"月球汽车"被命名为"Luna Cruz"，长6.0米，宽5.2米，高3.8米，居住空间为13平方米。按照42天在月球上行车1万千米的要求设计，搭乘人员为2～4人，车内将充满空气，搭乘人员不需要穿宇航服，穿T恤衫就可以。

丰田汽车公司发表消息说，这辆月球汽车的氢能源将暂时从地球上运往月球，充气一次可行驶1000千米以上。汽车排放出来的水可以作为月球上的饮用水使用。如果在月球上发现水资源的话，将可以在月球上建立制氢工厂，利用太阳能实行以水制氢，解决月球上的电能和动能的供应问题。这方面的技术，丰田汽车公司已经十分成熟。而且这辆月球汽车将安装丰田汽车公司独自开发的月球自动驾驶系统。

根据与美国宇航局达成的协议，丰田汽车公司的这辆"月球汽车"将在2030年送往月球。

月球的全球定位系统（GPS月球版）和无线网络系统的开发，目前由日本NEC和NTT等公司参与研发。

NEC公司的宇宙通信技术为世界一流。2021年，日本独自发射的小行星探测器"隼鸟2号"，在距离地球3.4亿千米的小行星"龙宫"表面实施了爆破，并成功取土返回地球。整个探测计划的宇宙通信技术，均由NEC公司提供保障。而NTT公司是日本最大的通信公司，在通信网络构建和6G技术研发上，拥有很好的技术与经验。

尚不知日本的这一"月城"建设计划，不知何时能够实现。但是有梦想，总有希望。不论国籍，这是人类共同的伟大事业。

19. 日本高层公寓楼如何建设逃生通道

近几年，日本高层公寓楼也发生多起火灾，一旦高层公寓发生火灾，如何逃生，已经是全世界面临的一个共同的课题。

那么，日本是如何应对高层公寓楼的火灾问题呢？

首先，我们从建筑物本身的法律层面进行解读。

日本消防法施行令规定，超过31米（约11层楼）的建筑均属于高层建筑物。11层以上的各个房间都必须安装自动喷水灭火装置。（事实上，许多高层公寓楼从1层开始就已经安装）同时，高层建筑物内的窗帘和地毯等易燃物品必须使用耐燃材料，20层以上建筑的屋顶必须有救灾直升机停机坪。

日本建筑基准法施行令规定，高层建筑物11层以上的楼层，根据天井和墙体使用的材料，规定在公共走廊或逃生楼梯等处，必须设置100～500平方米间隔的防火、防烟区域。在这个区域内，需要设置隔离用的防火门和自动排烟系统，设置有消防水管连接出水口。大楼管理室必须有排烟系统、中央空调控制系统和视频监控系统的操控功能。

同时，高层建筑物必须安装"非常用电梯"，这部电梯有独自的供电系统，主要是在大楼发生火灾时，供消防人员救火使用或撤离居民时使用。

2015年3月，位于东京都千代田区的一栋25层高的公寓楼的20层发生火灾。云梯消防车一般只能抵达11层左右，消防员就是利用非常用电梯直达发生火灾的20层，通过将地面泵车送来的水与20楼设置的消防水管连接，直接在公寓楼内将火扑灭。这次火灾只造成3人受伤。

2021年2月，位于东京都江东区丰州地区的一栋44层公寓楼的第9层发生火灾，当地消防署出动了14辆消防车，一个半小时后将火扑灭，这次火灾控制在只发生火情的房间，没有延烧到上一楼和隔壁的住户，也只有两人因吸入烟雾而受轻伤。

日本高层公寓楼发生火灾，一般不会造成多数人员遇难事件（但最近几年，有些老旧的低层商务楼因为大多用于开店，火灾发生后，也造成不少人遇难）。

之所以能够做到这一点，除以上介绍的消防设施之外，日本高层公寓楼还有三大简易的逃生通道。

第一，利用阳台上的逃生云梯，可以逃到楼下。

一般的公寓楼的阳台上都有一个金属盖子，打开这个盖子，就会自动落下一个云梯，顺着这个云梯，就可以逃到下一层阳台。一层一层打开，就可以逃到地面。

第二，踢破阳台上的隔离挡板，可以逃到邻居家中。

日本高层公寓楼的每一户人家的阳台与阳台之间，都不是用墙体、金属物等阻隔的，而是用一块薄薄的板材分割的。这块板材属于易碎板材，孩童都可以撞破。当家里发生火灾时，可以从阳台上踢破这块间隔版，逃到邻居家里。如果邻居家里也弥漫烟雾，可以再踢破一块间隔板，逃到隔壁的邻居家里。所以，阳台隔离板附近是禁止堆放东西的。（注：如果非紧急避难状态，擅自使用逃生云梯或踢破阳台隔板进入邻居家中，将会被控"非法入侵住宅罪"，属于触犯刑事法的犯罪行为）

第三，利用外接楼梯逃到楼下。

日本不少15层以下的高层建筑物都设置有外接楼梯，一旦发生火灾，人们可以从外接楼梯逃生。有些养老院的外接楼梯，设计成螺旋形滑梯，一旦发生火情，可以将行动不便的老人直接放入滑梯中滑到一层。

日本是一个十分注重防灾的国家，公寓楼管理机构每年都会邀请专业公司使用专业仪器设备对每户家庭的消防喷水系统进行检测。同时也会组织居民定期进行防灾演练。

各位临时到日本出差、旅游的朋友，在入住酒店时，一定要确认"非常逃生口"的位置。同时，新来日本居住的朋友，如果不懂日文，也要对自己所居住的公寓楼的消防设施与逃生通道进行确认，以防万一。多一份小心，总是好事。

20．日本推行"15分钟都市构想"

在都市里，从自己家出发，步行15分钟内，有超市、便利店、医疗诊所、幼儿园与学校、餐饮店、公园等生活必需的设施。或者在地方城市里，骑自行车或坐电车15分钟内，有上述生活设施。这便是目前日本在城市改造与建设中积极推行的"15分钟都市构想"。

推行"15分钟都市经济学"的目的，不仅是为了提高城市的宜居性和市民的生活质量，也是为了减少交通拥堵和导致全球变暖的人为污染，让市民在生活中减少使用或不使用私家车。

从农业革命到工业革命再到技术革命，工作和商业一直是城市的核心组成部分。

从历史上看，许多城市都是围绕贸易发展起来的，譬如上海、横滨、东京。

城市的诞生拉近了物和人之间的距离，从而降低了运输成本。通过降低这些成本，城市提高了生产力，并促进了产业的创新和文化的繁荣，从而进一步推动了城市的发展。城市因人而生，城市也为了人们更好地生活而繁荣。

但是，自从汽车成为人们生活的一部分之后，城市的功能发生了改变，越来越多的人离开城市，自愿或被迫地居住在远离城市中心的郊外，而城市逐渐变成了一个工作的场所。譬如东京都，每天有600万人一早搭乘地铁轻轨或者开车到东京市中心上班，夜幕降临后又搭乘地铁轻轨或开车离开公司，经过一个小时甚至更长的时间,疲惫不堪地回到缺少霓虹灯的卫星小城。

城市原本应该是人居住的地方,现在却变成了一个工作的场所。以"人"为中心的城市,变成了以"经济"为中心的城市。城市的主角被经济赶出了城门,只能躲到城外的村落。虽然这些错落名为"新城",但是事实上并不具备城市的功能。

譬如东京都中央区是东京也是日本最大的商务区,最大的商业街——银座、最大的金融街——日本桥、最大的交通枢纽中心——东京车站都在中央区,理论上来说,这里应该是最适合人们居住生活的地方,但是,中央区的居民只有18万人。而与中央区隔了一条河(隅田川)的江东区,人口数却达到了54万人。

为什么两个区的人口数相差那么大?因为中央区的原住民们都被"经济"挤到了河对面,甚至更为遥远的地区。

所以,如何让"家"成为城市核心的重要组成部分,让"人"成为城市的主角,重新回归"城市"的本义,最近10年,东京首都圈出现了"回归都心"的潮流,许多居住在郊区的人开始抛弃别墅式的一户建建筑,重新搬回东京市中心生活。于是,东京市中心出现了提供24小时保障服务的高级高层公寓楼,出现了"城中城"建设的热潮。

每一座城中城,不仅有公寓楼、办公楼,还有各种商业设施和医疗、教育、文化设施。让人们居住在城中城,工作在城中城,生活在城中城,实现步行15分钟范围内的都市生活,将以往浪费在通勤路上的几个小时,用于照顾家庭、修养身心和学习，让在都市里生活的人们有更多的时间与亲朋好友相聚。同时，能够享受都市里最为便捷的商业、医疗、教育等服务。放弃私家车，不再给城市道路交通添堵，让城市回归青山绿水、蓝天白云的田园环境。

"15分钟都市构想"正在从东京推向地方城市，将成为未来日本城市建设的目标。

21. 外国人最喜欢居住的日本城市排行榜

晚清时期，中国有过一股移民日本潮，这些中国人主要来自沿海地区的福建、广东、浙江一带。他们漂洋过海到日本时，大多带了三把刀：菜刀、剪刀、剃头刀。所以，我们的先辈在日本最初的生计是开饭店、做裁缝、理发，凭着这"三把刀"在异国他乡顽强地生存下来。

老一代的中国人都居住在哪些城市？

第一是横滨，第二是神户，第三是长崎，这三个城市都有一条"唐人街"（中华街）。

为什么老一代的中国人会集中在这3座城市呢？

理由其实很简单，这3座城市都是日本最主要的港口城市，而那时的中国人到日本，都是坐船来的。

如今，世界进入了一个飞行时代，绝大多数的中国人都是坐着飞机到日本，于是，哪个城市的机场越大，哪个城市的中国人就越多。不仅是中国人，其他国家的人也是一样。

拥有26万名外国人用户的网站"YOLO JAPAN"做了一次网上调查，问他们最喜欢居住在日本的哪个城市。

排名第一的是东京。

理由是：东京作为日本最大的国际都市，拥有众多的工作机会、便捷与高品质的生活环境，在东京，能够找到自己所需要的大多数东西，便于寻找到理想的工作和生活发展空间。

排名第二的是大阪。

大阪是日本关西地区的中心城市，喜欢大阪的理由是：具有丰富的饮食文化，人与人之间多和善可亲，个性丰富，整座城市充满活力，既是异文化交流的理想城市，也是一座可以不断探索新鲜事物的城市。吃在大阪，啥都有。

排名第三的是神奈川县。

神奈川县位于东京都南郊，属于东京首都圈的重要组成部分，与东京连为一体，其主要的城市是横滨市和川崎市。

理由是：既有都市的便利性，又有地方城市的浓浓惬意。作为港口城市，拥有各种饮食类型，气候也十分宜人，离东京也非常近，因为物价房价均低于东京，许多外国人选择"住在神奈川，工作在东京"。

京都与冲绳是完全不同风格与底蕴的城市，但是，并列排名第四。

选择京都的理由是：这是日本的千年古都，拥有日本最传统最纯粹的文化，而且名胜古迹数不胜数，世界文化遗产到处都是，一年四季景色宜人，游客众多，非常热闹。

选择冲绳的理由是：虽然是一个远离日本本土的岛屿，但是具有与日本本土完全不一样的热带风景，海天一色，景色透明秀丽。冲绳拥有古代琉球王国独有的文化色彩，人与人之间和善互助，生活悠闲，能享受大自然之美。

排名第六至第十位的"外国人最喜欢居住的城市"是哪些呢？

第六位：福冈县。日本九州地区的核心城市，也是一座港口城市。离中国最近（从上海起飞1小时20分钟便可抵达），又十分宜居，地域文化十分丰富。

第七位：北海道。广袤起伏的山川高原，独特的北国风光，美味的海鲜与牛奶蔬菜，异国风情与农村风貌相融的独特风景，生活在北海道，能够体味到融入大自然的舒适感。

第八位：千叶县。这是与东京毗邻的城市，成田国际机场所在地，属于东京首都圈的重要组成部分，这里物价、房价相对低，铁路交通便捷，出国方便。许多工作在东京的人，都选择住在千叶。

第九位：爱知县。爱知县有一座著名的城市名古屋。这里是东京前往大阪京都和九州地区的新干线的必经之地，交通十分便捷。距离东京和大阪，都在一个半小时左右的新干线车程。而且还有中部国际空港，连接世界各地。名古屋是丰田汽车公司总部，是一座非常发达的工业城市。

第十位：兵库县（著名港口城市神户的所在地）、长野县（避暑胜地轻井泽所在地，山川风貌秀丽之地、离东京新干线1小时车程）、埼玉县（东京北郊城市，生活便捷宜居）。

那么，日本人都喜欢居住在哪些城市呢？

日本最大的社交平台LINE实施的"你最想居住的地方"的最新调查结果显示：东京都（13.4%）、神奈川县（6.9%）、北海道（6.6%）、冲绳县（6.4%）、大阪府（6.0%）、福冈县（4.7%）、爱知县（4.0%）、千叶县（3.5%）、兵库县（3.3%）、埼玉县（3.0%）。

有没有发现，前十名中，居然没有京都。

许多日本人认为，京都只是一个旅游城市，物价高、房价高，而且太过嘈杂，不适合居住与生活。

如果你到日本居住生活，会选择哪座城市呢？

22. 日本从"汽车时代"回归"行人时代"

上海的朋友到日本旅游，发现东京街头开出租车的多是一些上了年纪的老大爷。他很纳闷："是不是日本的老年人都揭不开锅了？"

我说，日本人的平均寿命已经长达84岁，你总不能让他们60岁退休后，就让他们天天在家看电视，浪费接下来的几十年的人生岁月。所以，日本政府鼓励退休人员再就业，解决老龄化社会问题，出租车司机的限制年龄也放宽到了75岁。个人出租车司机限制年龄更是放宽到了80岁。

为什么日本政府能够把出租车司机的限制年龄放宽到80岁？其中有一个原因是大家想不到的，因为日本的80多岁老人，基本上都会开车。

为什么日本的老年人大多会开车？因为日本进入"汽车时代"是在20世纪70年代。

经历了半个世纪的"汽车时代"，日本人开始认识到：有车自然方便，但是，有车也带来诸多社会问题，譬如交通拥堵、道路建设投资过多、城市行人环境遭到挤压、商店街倒闭、人的行动惰性增多、健康受到影响、无车老年人出行不便，等等。

吃到"汽车时代"苦头的日本，开始了一项变革，那就是让整个社会从"汽车时代"回归到"行人时代"。"回头路"的目的，就是要让社会的行动主角从"车"变回"人"。

这项变革的核心就是"减少行车道，扩充行人道"。一方面,让更多的城市居民离开车,迈开腿,减少城市的车辆拥堵,同时鼓励大家通过行走来锻炼身体,增强腿脚肌肉,增进健康。另一方面,让老年人愿意出门、喜欢出门、能够出门。

京都市政府把一条东西走向的城市主干道——四条通,在与南北道路交叉的路段,约1.1千米,由来回4车道改成来回2车道,将其中的两条车道改成了宽阔的人行道,并种上了各种花草,形成了一个绿化地带,供当地居民和游客散步之用。

刚改的时候,一度形成车辆拥堵,但是经过市政府的宣传,司机开始绕道。这个扩充后的人行道边上,还出现了各种小吃店和小商店,成为京都市民的一条散步道。

香川县是日本的一个地方城市,县知事池田丰人说:"当路上的汽车数量超过了行人数量,这个社会就变成了一个令人担忧的奇异社会。"

于是,香川县开始推行"行人优先"的城市改造计划,在城市中心车站和商业街附近区域,将车道由来回4车道改成2车道,增加人行道的范围,减少车辆全部进入人流众多的区域。

池田知事说:"日本进入老龄化社会,放弃驾车的老人越来越多,整个社会需要为这些老年人提供能够去和喜欢去的活动场所,因此,建设宽敞、平坦、漂亮的人行道,是一个十分有效与紧迫的措施。"

兵库县姬路市将姬路铁道车站到姬路城堡的人行道,由原先的1.5米扩充到16.1米。市政府称,提升城市公共空间的魅力,鼓励更多的市民走出家门,融入城市,融入社会,不仅能够刺激消费,同时也能提升城市的价值。

事实上，姬路市政府通过规划，将姬路车站附近的商业区的人行道路进行扩充与改造，使得餐饮店和商店的数量大增，商业地价也因此提高了1.9倍，人流量也增加了20%。

日本国土交通省最近推出了一项名为"ウォーカブル推进都市"计划（适合步行的城市发展计划），根据这一计划，凡是地方城市扩充人行道、建设人行道绿化带等的建设费用，中央政府补助一半。到2024年4月，全国已经有102个城市向政府递交了城市人行道改造计划。日本开始在全国范围内推进"以人为中心"的城市改造计划，让街区减少汽车，增加人流，扩大消费，增加游客，方便老人出行，回归"以人为本"的社会。

23. 日本如何管理网约车

日本首相岸田文雄在2023年10月20日的临时国会开幕式上发表政策演说，宣布日本考虑导入"共享网约车"制度，以解决出租车司机不足的问题。

这一消息透露后，一下子引爆了日本舆论。因为根据现行的《道路运送法》，收费运送人员的活，只能由获得政府批准、有特别驾照的出租车或巴士公司来干，理由很简单：这是运送生命的工作，不是谁都可以干。

美国的Uber（优步）、中国的"滴滴"这样的共享网约车平台，允许私家车在没有出租车资格的情况下，通过网约车平台注册，开展运送乘客的业务。这一做法自然引起了日本社会的关注。

日本依照"共享网约车"的英文Ride（乘坐）Share（共享），创造了"ライドシェア"这一新词。

其实，早在十多年前，Uber就想在日本注册公司开展共享网约车业务，但是遭到了日本国土交通省的拒绝。后来，滴滴也进入日本市场，期望分一杯羹，但是其命运与Uber相同，根本无法将中国成功的经验复制到日本。所以，直到现在，Uber和滴滴只能跟日本大大小小的出租车公司签约，将出租车而非私家车纳入他们的网约车平台，其结果自然是可网约的车辆少，公司难以盈利。

日本政府和日本社会为何要抵制"共享网约车"？

我们来看看舆论调查结果。

日本电视台（JNN）于最近实施的舆论调查结果显示，赞成导入"共享网约车"制度的为31%，反对导入的为55%。

反对导入"共享网约车"制度的最大理由是："把自己的生命托付给一个不属于任何公司或组织的陌生人，我感到极大的不安。共享网约车在国外受到安全和犯罪风险的威胁，一些国家正在寻求监管和制定新的规则。在日本，确保乘客乘车安全和安心比寻求乘车便利更为重要。"

日本自动车交通总联合会拿出租车司机和网约车司机的资格做了这样一番比较：

出租车司机：

1. 在获得普通驾照的基础上，必须另外获得出租车司机和巴士司机专用的"二类驾照"。

2. 发生事故由出租车公司负责。

3. 出车前必须进行酒精度检测。

网约车司机：

1. 只要拥有普通驾照即可。

2. 发生事故由司机个人负责。

3. 出车前无人进行酒精度检测。

除普通民众对于网约车的安全性表示担忧之外，反对导入共享网约车制度最激烈的行业自然是出租车公司。

日本出租车联盟发表声明说，导入网约车制度势必引起乘客的不安，只要有驾照就可以运送生命，这跟开车送货没有什么区别，也将严重冲击出租车公司的社会价值和信誉，导致出租车司机收入的降低，瓦解出租车行业。

2024年4月8日，日本出租车行业的唯一一家上市公司——大和自动车交通公司的大塚一基社长来我办公室小坐，他说："出租车行业不是交通运输业，而是服务业。"

出租车行业既然属于服务业，那就要让车辆行驶得安全，让乘客乘坐得安心、舒心（干净）。"安全、安心、干净"是日本出租车行业的三条最基本的服务准则。

2024年4月8日，对于日本出租车行业来说，是一个里程碑式的日子，因为日本政府终于批准网约车（日文称"ライドシェア"）可以参与运送生命的业务。

2018年，投资滴滴的日本软银集团与滴滴成立日本合资公司，开始进军日本市场。原本以为背靠日本首富的公司，一定顺风顺水地将中国的成功经验复制到日本，结果，滴滴很快水土不服。一是因为日本政府根本不允许中国式网约车上路，二是日本主要的出租车公司拒绝与滴滴合作。滴滴这几年在日本做得很辛苦。

一场突如其来的新冠疫情，改变了日本出租车市场的局势。大和公司的大塚社长说，单是东京地区出租车司机就短缺了2万人。

于是，开放网约车就摆上了日本政府的决策台。

日本国土交通大臣和数码担当大臣一起出席了网约车市场开通仪式，标志着网约车正式进入日本出租车行业。

但是，日本对网约车的管理不太一样。大塚社长介绍说："首先，网约车的运营与管理者不是Uber、滴滴这样的网约车平台公司，而是日本正规的出租车公司。也就是说，网约车只能加盟到出租车公司，接受出租车公司的统一管理和业务培训。

其次，网约车必须在车内悬挂"网约车"的标牌，司机在出车前，和所有的出租车司机一样，必须接受酒精度的测试，并把测试结果上传到所属的出租车公司。同时也必须加入出租车司机一样的相关保险（个人伤害补偿8 000万日元以上，物品损害补偿200万日元以上）。

再次，网约车的运营时间和区域有严格的规定，实行政府许可制。譬如，目前网约车业务只能在东京都、京都府、神奈川县、爱知县这几个地区试运营。同时，时间也有严格限定，譬如东京，允许在周一至周五的早上7时至10时、周五和周六的16时至19时、周六的0时至清晨4时、周日的10时至13时运营。而横滨、名古屋只能在周五、周六、周日运营。

最后，网约车只能利用日本出租车行业的两大约车平台GO（日本交通公司为主）和S.RIDE（大和自动车交通公司为主），以及Uber和滴滴等平台约车。车费也是在约车时预先显示，价格与普通出租车相同。"

从结论来说，日本的网约车只是作为出租车公司的补充，属于出租车公司的业务延长线，而且只能在出租车数量不足的时间段里运营。

研究公共交通问题的京都大学大学院教授藤井聪提出警告说："网约车制度将会导致日本社会秩序的破坏。"

日本政府计划通过2个月的试运营，就网约车的运营管理与运营区域等问题作出正式的结论，并进行立法管理。

24. 东京缺2万名出租车司机开始招徕外国人

一位印度尼西亚籍的男子，因为在日本旅行社工作，渴望获得能够驾驶旅游大巴的第二类驾照，于是参加千叶县驾照学科考试。在考试中，遇到一大堆看不懂的问题，于是使用智能手机将问题拍照传给同事帮助解答，结果这一作弊行为被监考的警察发现，当场以涉嫌"伪计业务妨碍罪"将其逮捕，2023年11月22日遭到千叶地方检察院的正式起诉。

这名31岁的印尼男子在日本已经工作生活多年，日语讲得很溜，但是，就是看不懂日语考试题中的汉字。

这一案件在日本旅行业圈里引起了不少的反响。

前些天，东京著名的出租车公司"大和自动车交通"常务董事小山哲男先生来看我，这家出租车公司成立于1923年，是日本出租车行业的唯一上市公司。

小山先生说，3年疫情，东京的出租车行业少了2万多名出租车司机，有的转行，有的回了老家有了新的工作。他说："我们很缺人，徐先生方便的话，帮我们介绍几位中国人司机。"

日本政府最近有一个新动向，准备给外国人赴日工作新开一个口子，就是你懂日文或懂英文、中文，会开车，只要有出租车公司或运输公司愿意雇用，就可以直接到日本工作，家人也可以一起到日本生活学习。

大和出租车公司与上海大众出租车公司有业务合作，可以接送通过大众出租车平台预约的赴日旅游的中国游客，有懂中文的出租车司机，自然是一件好事。

目前，大和出租车公司的中国司机很少，东京另一家出租车公司"日之丸交通"的2 100名司机中，中国人有40名。这些中国人都是在日本生活或留过学的，既懂日文，大多也懂英文，对于出租车公司来说，这些司机都是宝贵人才。

现在，日本社会正面临一个"2024年问题"。

什么是"2024年问题"？

2019年4月，为了防止"过劳死"或长时间加班导致的抑郁自杀、疲劳驾驶引发的交通事故等问题，日本国会审议通过了《劳动基准法》修正案，对8小时之外的加班时间设置了上限红线，一年的加班时间不得超过960小时，扣除节假日，事实上每天的加班时间不得超过3小时。如果因为行业特殊，一个月的加班时间超过了60小时，超过部分的工资必须翻倍计算。

这部修改法通过后，考虑到有些行业，譬如运输服务业本身就存在长时间劳动的问题，因此，设定了一个为期5年的调整期，而这个调整期到2024年3月底结束。也就是说，从2024年4月1日开始，全社会，包括政府机关都必须遵守新的劳动法。这一新劳动法的实施使得长途货车司机、旅游大巴司机等不得超时驾驶。而出租车司机也不能干一天歇一天。快递小哥也面临同样的问题。这不仅影响个人收入，同时也将影响社会服务。譬如快递公司很可能会在节假日停止货物配送。

这就形成了一个社会性问题，这个问题被称作"2024年问题"。

面对"2024年问题",日本相关旅游运输业怎么也募集不到这么多司机,于是,日本社会有了招徕外国人司机解决人手不足问题的想法和诉求。日本政府也顺应了行业的这一诉求,准备给外国人司机到日本工作开绿灯。

但是,外国人司机到日本工作面临一个问题,那就是日本不承认一部分国家的驾照,包括中国驾照。

外国人司机到日本工作,必须换考日本的驾照。而开出租车、大巴和大型运输车,普通驾照还不行,必须另外考取"第二类驾照"。因为,第一类驾照(普通驾照)你只是自己运载自己,而驾驶出租车、大巴等是运载他人生命的职业,必须有更好的车技和更加丰富的交通安全知识,所以,日本有了专门针对出租车、大巴司机等的"第二类驾照"。

但是,外国人司机到了日本,许多人不懂日文,或者懂一些日语生活会话,看不懂汉字。要考取日本的新驾照,难度自然比较大。

最近有一个好消息,说日本警察厅为了配合外国人司机到日本工作,准备将驾照考题做成20个语言的文本,其中也包括中文。外国人可以使用自己熟悉的母语答题。估计那位印度尼西亚小伙很快就会被轻罚。

日本经济是否已经走出了泡沫经济崩溃的阴影?日本社会尚无定论。但是,全社会各行业缺人已经成为影响社会经济发展的一个大问题。

25. 一年游客5000万，京都市为何面临破产

外国人到日本旅游，大多会去京都，因为京都是千年古都，最有日本味。京都市政府公布的数据称，一年到京都旅游的海内外游客达到5 000多万人，是东京之后的日本第二大旅游城市。

但是，京都市却是日本最穷困的都市。

京都市政府从2002年开始出现了财政赤字，目前负债总额为8 420亿日元（约405亿元人民币）。根据市政府公布的预测数据，如果财政收入状况没能得到改善，到2028年，京都市将不得不宣告破产。

京都是历史文化古城，一年游客那么多，为何还会出现破产的窘况呢？

首先，是人口问题。

近几年来，京都市成了全国人口减少幅度最大的一座城市。到2023年10月1日，京都市的人口总数是138万人，与2013年相比，减少了4万人，其中25～39岁的年轻人口减少得最多。

为什么好好的京都不住，要搬到外地去呢？

最大的原因是地价和房价的上涨。

近10年，因为日本政府推行"观光立国"政策，吸引了大量的外国人来日本旅游。因此，京都市出现了一轮酒店建设的高潮，同时，在京都购买土地和房产的外国人也在不断增加，这不仅导致地价的上涨，也导致房价和房租的上涨。过去10年

间,京都市中心的地价翻了2倍,一套新建公寓从6 000万日元(约300万元人民币)猛涨到1亿日元(约500万元人民币)。

而从京都车站坐列车仅13分钟的滋贺县大津市,一套使用面积为70~84平方米的新建公寓,售价只有3 700万日元(约178万元人民币)。

于是,京都人开始搬往附近的中小城市,同样的收入,在京都以外的地方生活,品质更高。

京都市还有一个问题,是大学生问题。

京都市号称"日本最大的学生城",以京都大学、同志社大学、立命馆大学为引领,市内共有37所大学,学生人数达到14万人。但是,这14万学生中,有约12万人来自外地城市,也就是说,他们的户籍大多数都没有迁到京都市内来,这就导致了京都市要为这些学生提供社会服务的同时,却无法从他们身上征收"住民税"——这是日本地方政府的一大财政收入来源,也称"人头税"。

不仅是大学生,包括我们中国人在内的外国人,外地城市的日本人,在京都买了房子当别墅,户籍不在京都,照样无法征收住民税。

京都市虽然是京瓷、奥姆龙、任天堂、岛津制作所、日本电产、华歌尔等著名企业的总部所在地,但是,京都每年约3.5万名大学毕业生中,有64%以上的毕业生都离开京都,去了东京、大阪等大都市。所以,京都市如何才能留住年轻人已经成为一大课题。

但是,人口问题只是京都市的未来问题。

京都市财政困难的最大原因，还是历史遗留问题。

首先是地铁的建设和运营。

在20世纪80年代的泡沫经济时期，京都市政府投入巨资广建地铁，努力打造现代城市的模式，但是，地铁搭乘人数并没有逐年增加，已经过去40年，但京都市政府每年还在还地铁建设债。为了确保地铁的运营，市政府每年还得倒贴15多亿日元（约7200万元人民币）。

除地铁之外，京都市政府还在泡沫经济时代建设了许多音乐厅、体育馆和其他文化设施，这些设施的运营管理依然需要政府每年投入大量经费。

其实，京都市财政难，还有一个历年来都无法解决的问题，就是固定资产税的征收。

日本地方城市财政收入的40%以上来自固定资产税（房产税），但是，日本的法律规定宗教设施免于征税。京都市内共有大小寺院1 700余座、神社800余座，所占土地庞大，但是京都市政府不仅不能征收其固定资产税，而且它的门票收入也无法征税。

同时，京都市为了保护千年古都的城市风貌，在2007年制定了一条地方法规，规定城市内建筑的高度不得超过31米，而且旧城区不得增建改造。这条地方法规也给京都市的地产开发上了一道紧箍咒。

20世纪90年代，日本泡沫经济崩溃后，不少盲目建设的地方政府背负了巨额债务，北海道夕张市因此不得不宣告破产，夕张市最后穷得连消防车都卖了。

夕张市曾经是日本的一座资源城市,那里有丰富的煤矿,人口最多时达到12万余人。但是,当国家资源从煤炭转变为石油天然气后,夕张市的诸多煤矿被关闭。夕张市政府于是投资建设了许多的大型游乐设施和观光设施,期望通过城市产业的转型,实现自救。但是,由于人口急剧减少,夕张市无力偿还巨额债务,不得不于2007年宣告破产。目前,夕张市人口只剩6 500余人。

京都市与夕张市不同,一年5 000余万名海内外的游客涌入,令这座千年古城热闹非凡,但是,游客留下的钱无法转换成政府的税收,户籍人口少,流动人口多,令京都市陷入了"城市越繁荣,政府越穷"的怪圈。

为了增加财政收入,京都市将自己所管辖的世界文化遗产——二条城的门票,于2023年6月开始,从620日元提高到800日元(约40元人民币)。但这样的调价只是小儿科,京都市计划恢复"古都税",从寺院门票中征收。"古都税"在1985年曾经征收过,但是遭到了和尚们的强烈反对,仅仅实施了3年,便宣告废止。同时,也正在研究将"宿泊税"从目前的200日元(约10元人民币)提到住宿费总额的10%。但是,这两个税能否完美实现还是一个未知数。

俗话说:"前人栽树,后人乘凉。"这当然是好事。但是,许多时候是"前人举债,后人还钱",京都市就是陷入了这样的困境。门川市长说:"经营一座城市需要像经营一家企业一样精打细算,必须安全驾驶,蓄水经营,不能寅吃卯粮,不然市民会遭殃。"

26. 东京如何应对越来越空的办公楼

日本的不动产市场出现了严重的两极分化。

一方面,住宅市场蒸蒸日上,东京、大阪等都市的房价是翻倍增长;另一方面,商业地产市场坠入冰谷,空置率是节节攀升。

日本不动产研究所发表的最新报告称,东京都的平均房价超过了1亿日元(约500万元人民币),而在2022年,才8 000万日元,一年间,平均一套房子涨了2 000万日元(约100万元人民币)。

日本最大的办公楼中介公司——三鬼商事发表的调查报告称,到2023年7月为止,东京市中心的五个区(千代田区、中央区、港区、新宿区、涩谷区)的办公楼的空置率已经达到6.46%,而在2022年12月,这个数字才5.9%。

日本办公楼过剩的判断基准是5%。

为什么东京的办公楼的空置率会出现如此大的增长?

有三个基本原因:

一是居家上班制度的实施。

居家上班制度是3年前,为了应对新冠病毒蔓延而采取的一项措施,经过几年的实施,许多公司发现,员工居家上班并没有太多影响公司的业务,反而大大节约了公司的运营成本,也减轻了员工上下班的劳累。必要时出勤上班,非必要时在家工作,既可以有效完成业务,又可以避免上下班时间的浪费。

虽然新冠疫情时代已经宣告结束,但到2023年7月,东京各公司员工的居家上班比例依然达到45%。

二是公司的退租问题严重。

虽然日本破产企业数没有出现大幅增加,但是因为居家上班制度的普及,固定办公桌变得多余,因此,许多企业,尤其是许多大企业出现了退租现象,原来租用3层办公楼的,现在只租用1层,把固定办公桌拆除,建成一个开放型的公共办公区,谁上班,谁就自己找空位工作,反正用的都是笔记本电脑。

日本最大的电信公司NTT规定,从2022年7月开始,33万名员工原则上都居家办公。日本最大的住宅设备公司LIXIL不仅搬了公司总部,而且将办公区面积减少了90%。原先是东京办公楼租赁主力军的外资企业也纷纷缩小办公区面积,令东京的商业地产雪上加霜。与3年前相比,东京办公楼的房租已经下降了约30%。

三是新建办公楼纷纷竣工。

从2015年开始,东京进入了新一轮城市大改造时期。融合办公楼、住宅楼、商业中心于一体的"城市综合体"建设成为主流,在3年新冠疫情期间,这些"城市综合体"纷纷竣工,大批高端的办公楼涌入市场,使得原本已经供应过剩的东京办公楼市场空置率进一步提升。日本不动产研究所的分析称,预计到2027年,东京市中心办公楼的空置率将会达到7.2%。

那么,如何应对办公楼空置率升高的问题?

三井不动产、三菱地所等一些日本大型商业地产开发管理公司开始在东京市中心地区,将空置的办公层进行改造,改造的方式有两种：

一种是改造为五星级服务的公共办公区，只要每个月缴纳一定的费用，谁都可以在这个豪华舒适的办公区里工作，免费上网、免费使用各种办公设备、免费使用大小会议室，服务台还可以免费代收邮件快递。

另一种是改造为大小办公室，这种办公室自带办公桌椅和文件橱柜，随时可以拎包入住。租用期可以是几年，也可以是几个月，很适合中小企业、创业型企业租用。

面对办公楼空置率的增加，东京还出现了一种倾向，就是将办公楼改造为商务酒店，因为现今外国游客大量涌入，酒店需求量猛增。同时，住宅市场火旺，一些市中心的办公楼干脆改造成高级住宅楼。

今后数年，东京的办公楼市场将会出现一个大动荡，森大厦公司在2022年针对1万家企业实施了一项问卷调查："今后几年，有没有搬迁办公室的打算？"结果，有49%的公司回答"有"。不过，搬迁的理由是：搬到房租更加便宜的地方、搬到交通更加便捷的地方、搬到面积更小的地方。

东京的办公楼市场将会越来越内卷！

27. 松下公司在中国推出氢能入户系统

2023年8月,我去江苏省无锡市参观了松下电器公司在中国的首个氢能燃料电池综合能源利用项目。

这是我跟松下电器中国总裁赵炳弟先生的约定,我说我回国的话,一定要去看看松下的这个全球首家的冷热电三联供纯氢燃料电池示范场景。赵总很爽快地答应,并特意赶到无锡等我。

在人们的一般认知中,氢能源的技术高地是丰田汽车公司。其实,丰田主攻的是动力氢能技术,主要是以"Mirai"氢能汽车为主。而松下电器主攻的是城市基础设施的氢能应用技术,也就是让氢能走入家庭、走进建筑物。

松下在新能源领域干过两件大事:

第一件大事,松下自1923年开始进行电池研发,1989年推出了第一代车载镍电池,继而在1994年,推出了世界首款的车载锂离子电池,曾是世界最大的动力电池制造企业。目前,松下在日美中三国建造了8个动力电池工厂,2022年的动力电池装机量为90亿瓦时,位居全球第四,仅次于宁德时代、LG新能源和比亚迪,是特斯拉和丰田电动汽车的主要供应商。

第二件大事,松下从1999年开始研发氢能燃料电池,2004年推出了第一款的车载镍氢电池,并于2005年获得日本总理大臣奖。2009年,松下推出了第一款住宅用氢能燃料电池,功率为1 000~300W,使用寿命为4万小时(约5年),这是利用天然气制氢的原理开发的燃料电池。2021年,松下推出了第七代燃料电池，也是第一款直接利用氢气来发电的纯氢燃料电池，功率为700～200W，使用寿命为9万小时（约10年）。

松下在2023年2月于无锡的新能源工厂内落成的氢能燃料电池综合能源利用项目，使用的是最新的纯氢燃料电池。

松下新能源政策推进室总监侯梦霄告诉我，整个项目由8台5千瓦纯氢燃料电池组成，每小时发电量为40千瓦时，可以同时实现供电、供热和供冷，因为它只产生水，不排放任何废气，属于绝对零排放的绿色发电系统。

我在现场看到两个大圆筒，侯总监介绍说："由于氢气具有燃烧热值高的特点，其热值约是石油的3倍、煤炭的4.5倍，因此它能产生大量的热水和热能。与火力发电相比，可实现97%以上的综合能源利用效率。"

显示牌上显示，大圆筒内的热水的温度高达60度，足够工厂内员工洗澡等热水所需。

现场还看到，松下在无锡的这套固定式纯氢燃料电池综合能源系统所使用的氢气，是由日本著名的燃气制造企业岩谷产业公司在浙江生产和提供的。

松下的这套固定式纯氢燃料电池系统即将在东京湾的大型智能化住宅社区晴海旗启用，晴海旗曾经作为东京奥运会的选手村使用。2024年1月起，正式入住居民，总共有4 100余户人家。

赵炳弟总裁介绍说，晴海旗将成为世界第一个大型的氢能住宅社区，整个冷热电三联供纯氢燃料电池系统由一个大型加氢站和5个松下固定式纯氢燃料电池发电系统构成，由这个系统产生的电力和热能通过管线输入每户家庭，而每户家庭还将安装一个氢能蓄电池，这个蓄电池可以在地震、台风等自然灾害的冲击中发生停电的情况下，保证一户家庭一个星期的电力供应。

2009年以来，松下的固定式氢能燃料电池已经成为日本一些一户建家庭、办公楼、商业设施和工厂的综合能源系统，迄今为止，已经卖出了24万台，而日本全国普及量为485 972台（2023年6月止）。这种住宅用氢能燃料电池被称为"ENE-FARM"。

我在日本地震灾区的岩手县考察过灾民新建的住宅小楼，这户人家安装了松下的这套氢能燃料电池系统，购置费用为140万日元（约7万元人民币），日本政府提供30%的新能源设备购置补助，自己实际支出为94万日元（约4.7万元人民币）。有了这套系统，家里不仅省去了电费，也省去了煤气费，还不怕停电，完全自家发电。按照松下公司可使用10年的保证，一般使用6年就可以收回投资成本，余下4年相当于可白用。而这户家庭只是四口之家，每月还有多余的电力卖给当地的电力公司，一月卖电收入在6 000～8 000日元（约300～400元人民币）。

松下从2014年开始向欧洲出口这种固定式氢能燃料电池，特别受到北欧寒冷地区国家的欢迎，因为供热和24小时的热水供应，对于北欧的人来说，是一种美好生活的保障。

我现在担任中日氢能产业高峰论坛的共同主席，在努力促进中日两国在氢能产业领域的合作，所以也十分期待松下的这套纯氢电池系统能够走进中国普通人的家庭、办公楼、酒店和商业设施，包括工厂。

1978年10月28日，邓小平参观松下电器茨木工厂时对公司创始人松下幸之助说："您能否为中国的现代化建设帮忙？"松下幸之助当即允诺说："无论什么，我们都将全力相助。"

于是，松下成了第一家投资中国的日本企业。

1979年，松下幸之助社长首次访华，登上万里长城。

松下在中国开展业务已经45年，事业规模达到1100亿元人民币，在整个集团事业占比为28%。目前在华企业达到70家，有中国员工5.2万人，为中国的现代化建设做出了贡献。在改革开放40周年大会上，中国政府授予了已故的松下幸之助先生"中国改革友谊奖章"。

松下控股集团全球副总裁、松下中国与东北亚总代表本间哲朗说："中国的业务是松下集团非常重要的一个板块。可以说，除母国日本之外，最重要的板块就是中国。"

不管两国政治关系如何严峻，有一点我们必须认识到，中国的发展需要日本的技术，日本的发展需要中国的市场，两国经济唇齿相依，求大同存小异，合作才能双赢。

日本社会的变革

1. 日本社会走到了一个迷茫的十字路口

日本企业有一种特殊的制度——"年功序列"制度。

这种制度是一种论资排辈的晋升制度，你只要在公司里好好干，总有晋升和加薪的机会，但是，这种机会是按照你加入公司的工龄和资历，并参照业绩来排序的，基本上是"排排坐"，一届跟一届，一般不允许你坐直升机越级晋升。

这种制度的最大好处是培养员工对企业的忠诚之心，把自己的一辈子奉献给一家企业，而这家企业呵护你一辈子的事业与一家人的生活，"一个企业就是一个大家庭"的意识浓郁。

这种制度的第二大好处是，企业可以有计划地培养人才，用一种接力棒的方式研发技术，不断推陈出新，而不会担心因为研发人员跳槽导致技术泄露或研发中断。

但是，这种制度的最大弊端是导致有才之士怀才不遇，也导致出色人才难以崭露头角。

第二大弊端是，因为员工都是"正社员"（正式员工），企业负担重。

"年功序列"制度为日本战后的经济崛起、社会的长期稳定立下了汗马功劳。但是，也使日本社会陷入了保守的泥坑，难以应对信息爆炸与自我主义抬头的时代冲击。

进入 21 世纪，当时的日本首相小泉纯一郎对劳动制度实施了大改革，引进美国式的能力主义和合同制用工制度，鼓励有能力的年轻人跳槽，也鼓励企业废除年功序列制度，大量采用合同工。一方面，扩大了就业；另一方面，创造了人才合理流动的环境。

那么，20多年过去了，日本企业的用工状况变得如何了呢？

日本总务省实施的《劳动力调查》报告称，2022年，日本全国"非正规劳动者"（合同工与临时工）的比例高达42%，其中上市企业的比例更是高达48%。而快餐店、便利店等用工大户企业，80%以上都是合同工和临时工。

最新的《国民生活基础调查》也显示，2022年，企业的"正社员"（正式工）的比例，男性为78.6%，女性为46.8%。

日本打破"年功序列"制度与日本陷入泡沫崩溃时期是同步的，这一打破给日本社会带来了什么样的改变？

最大的惊喜是有才有能力的人开始脱颖而出，尤其在一些新兴企业，年轻人领导中老年人成为一种"正常"，"先辈"和"后辈"的意识淡薄。

其次是社会有了一种活力，年轻人跳槽和自己创业的人增多，人才流动加速，新企业不断诞生。

这一改变也给日本社会带来了两大冲击，一是贫富差距拉大，"非正规劳动者"贫困现象凸显。同时，由于一些临时工拒绝缴纳社保基金，使得日本社会保障压力增大。而贫困问题的出现，也导致了结婚率与出生率的下降，越来越多的年轻人对于未来失去了信心。而政府又不得不掏出更多的钱来援助低收入家庭的生活。

二是企业的技术研发能力和创造力减弱。由于生怕有才能的员工跳槽，企业在员工继续教育和技术培训的投入也出现减少，企业因此缺乏活力与凝聚力。

如何确保传统的"年功序列"制度的优势，又能适当融入美国式的能力主义元素？日本社会走到了一个迷茫的十字路口。

有人说，小泉纯一郎是"历史罪人"！也有人说，小泉纯一郎是"日本的拯救者"！

日本社会能否走出迷茫，创造出一种融合东西方文化、最为合理的劳动制度？对于具有相同文化背景的亚洲其他国家的发展与稳定来说，也会带来一种启示。

假如你是老板，你会选择哪种制度？

2. 日本社会如何应对少子老龄化问题

安倍晋三当首相时，提出了一个警告，说日本面临两大"国难"，一是少子化，二是老龄化。

安倍把"少子老龄化问题"称作"国难"，是在 11 年前的 2013 年。这一问题的严重性在于，少子化导致劳动力人口的大幅减少，而老龄化导致国家医疗与社保负担越来越重。

核心的问题，不是未来干活的人是多还是少，而是现在交社保基金的人越来越少，领钱的人却越来越多，整个社会保障机制面临崩溃。

"60 岁退休"制度，日本是在 20 世纪 60 年代建立的，那时，日本女性的生涯生育率是 3.4（平均每位女性一生生育 3.4 个孩子），而日本人的平均寿命是 72 岁。

日本内阁府于 2024 年 5 月发表的最新调查报告称，日本女性的生涯生育率降到了 1.2，东京都更是跌至 0.99，而平均寿命达到 84 岁。日本人口研究所称，预计到 2040 年，日本人的平均寿命将超过 90 岁。

日本前首相麻生太郎曾经说过一句很刻薄的话，他说日本的医疗费都被老人们啃光了。因此，他主张修改相关法律，适当增加老年人医疗的个人负担部分。

根据日本现行医保制度，日本的医疗费是三七开，政府医保基金负责 70%，个人负担 30%。而到了 70 岁，个人负担减为 20%。过了 75 岁，个人负担则降到 10%。

也就是说，日本原来设想的退休制度和医保制度，是按照"人活72岁"的目标设定的。60岁退休后，领12年的养老金，然后"沙扬娜拉"。而现在到了"人活84岁"的时代，60岁退休后，领取养老金的时间比原来设想的72岁的目标又多了12年。这多出来的12年，对个人来说是一件相当幸福的事，但是对政府社保制度来说是一个雪上加霜的痛苦——不仅是这12年的养老金无人承担，而且年纪越大，病痛越多，政府医药费的支出也越高，政府的社保制度面临崩盘。

日本一年的国家预算中，社会保障的预算占到33%。这个比例在亚洲国家中应该是名列前茅了。但是，如此高额的社会保障费用，依然难以满足人民群众的期待。

于是，日本政府开始动脑筋。一方面鼓励生育，培养交钱队伍；另一方面，鼓励政府机关与企业延长退休年龄。

2013年，安倍内阁要求企业的退休年龄延长到65岁。企业员工在60岁之后，愿意继续干的，工资降到原来的80%左右，其他待遇基本不变，但是职务和岗位需要下调。

过去10年，这一制度实施得如何？根据厚生劳动省的调查，实施"65岁退休"制度的企业实际上不到5%。这令日本政府相当头疼。

于是，到了2021年，日本政府干脆修改了《高年龄者雇用安定法》，修改法从2025年4月开始正式实施。

根据这部修改后的法律，取消"60岁定年退休"制度，实施到70岁为止的"继续雇用制度"。其中规定，只要员工个人有要求，企业必须有"义务"雇用其到65岁为止，同时要求企业尽可能将雇用时间延长到 70 岁。

日本企业对"政府义务转嫁企业"的做法深感不满，于是，要求政府机关也履行"继续雇用"义务。为此，日本国会也修改了《国家公务员法》，规定从 2031 年 4 月开始，公务员的退休年龄延长到 65 岁。

假如，你在 2024 年 60 岁退休，是否马上可以领取养老金？对不起，原则上已经延长到 65 岁开始。如果你想从 60 岁开始领取的话，那么，只能领取到 76%。到 65 岁开始，才能领取到 100%。

日本已经开始进入"人活 100 岁"的时代，有人欢喜，有人悲。如何规划自己的人生，活下去，活得更好，看来需要从 20 岁开始思考与谋划，不然船到桥头不会直。

3. 日本现代社会的"孤独中年人"

日本出现的现代社会问题，不只是年轻人的"不恋、不婚、不育"，还有中年人的孤独感。

目前，日本单身的40多岁中年人有多少？

根据日本政府于2020年实施的人口调查报告称，40多岁单身生活的中年人的比例占到了38%。

为什么会有这么高比例的"孤独中年人"？

原因主要有三点：

首先是20世纪90年代，日本泡沫经济崩溃，整个国家经济严重下滑，进入了一个超低空飞行期。与此同时，失业率大增，年轻人找不到工作，出现了长达10年"就职冰河期"。这个冰河期大致发生在1995—2005年。

找不到工作的年轻人长期蜗居在家，看电视，打游戏，吃零食，偶尔打一份零工，日本社会出现了"宅男宅女"问题。

其次是泡沫经济崩溃后，家庭收入减少。收入减少，就很容易导致家庭矛盾的增加，家庭生活气氛的压抑。父母无力满足孩子购买玩具和游戏机的欲望，许多孩子看着父母吵架，甚至看着父母离婚，这让他们产生了一种"结婚便是幸福的坟墓"的"婚姻恐惧感"。

这些社会问题直接导致这一代日本人对于生活的"颓废感"和"无欲感"。同时，长期的单身生活让他们体会到"一人吃饱，全家不饿"的轻松感，因此导致了日本社会结婚率和出生率的严重下降。

到 2023 年，日本育龄女性的生涯生育率已经从 20 世纪 90 年代的 2.6 降低到 1.2，也就是说，一位育龄女性平均只生 1.2 个孩子。

占比 38% 的单身中年人中，未婚者比例为六成，离婚者比例为四成，大多数人已经没有再婚的欲望。

那么，日本中年人的生活状况如何呢？

根据日本国税厅的调查，2023 年，日本全社会劳动者的平均年收入为 457 万日元（约 22 万元人民币），其中正式工的平均年收入为 523 万日元（约 25 万元人民币）。

40 多岁中年人的年收入为多少？平均为 527 万日元，扣除各种社保税金，到手现金是 408 万日元（约 19.8 万元人民币）。

这笔钱养活自己绰绰有余，养活全家就比较吃力。

再来看日本中年人的储蓄额。

日本金融广报中央委员会于 2022 年公布的"单身家庭调查"报告称，40 多岁单身中年人的平均储蓄额为 657 万日元（约 31.9 万元人民币），其中，储蓄额未满 100 万日元（约 5 万元人民币）的比例高达 14.8%。

在日本社会普遍认为"养老须有 2 000 万日元存款（约 100 万元人民币）"的时代，单身中年人未来的生活之路，也并不轻松。

4. 日本年轻人的"三不主义"

结不结婚，本来是个人的自由，如今已经上升到政府的局面，因为不愿意结婚的年轻人在不断地增多。

日本内阁府公布的一份调查数据称，2020年，日本人一生不婚的单身贵族，男性为25.7%，女性为16.4%。这就意味着，4名男性中就有1人、6名女性中就有1人选择终身不婚。

年轻人为啥不愿意结婚？理由有各种各样：

第一，感觉结婚没啥好处。持这一种理由的比例高达42%。原本一人吃饱全家不饿，结了婚，自己的那份薪水还要奉献家庭，与对方分享，紧巴。本来休息天爱干吗就干吗，结了婚，得顾及对方的情绪、对方的脸色，一言不合还会磕磕绊绊，烦人。

第二，经济问题。虽然日本结婚不一定要买房买车，但是，目前凭个人的那份工资已经养不活自己，还有什么钱去谈婚论嫁呢？2022年度，日本全国劳动者的人均年收入为420万日元（约21万元人民币），年轻人低于这一平均值的占比很高。

第三，虽然世界那么大，但是缺少相遇恋爱的机会。同时，互联网和智能手机的发达，令人们对于男女性爱的兴趣也大为降低，"不结婚也不寂寞"的意识越来越强。

以上这些理由，导致日本社会的"三不主义"的气氛浓郁——不恋爱、不结婚、不生育。

日本哪个地方的人对于结婚最消极呢？

从内阁府的统计数据来看，全国45～54岁年龄段还没有结婚的人，东京占到全国总数的13%，一生不婚的比例也高于全国平均水平，男性达到26.4%，女性达到20.1%。这个数据看上去不高，但是东京人口1 400万人，人口比例高。其实，全国最不愿意结婚的男人，最多的是东北地区，尤其是岩手县、秋田县、青森县，一生不婚的比例高达28%以上。

为什么东北地区的男人不愿意结婚的人那么多？一个很重要的因素，是东北太冷，到了冬天，积雪厚达3米以上，一般人受不了。其次是山区多，与日本其他地区相比，生活有诸多不便。东北年轻女性爱往大城市里跑。也就是说，东北男人面临找对象难的问题。

日本哪个地方的女性的未婚率最高？不是东京的女性，而是高知县的女性。

高知县位于四国地区的南部，依山傍海，森林覆盖率全国最高，达84%。那高知县女性为何未婚率全国第一？

主要的理由是，高知县女性普遍个性较强，爱管人，有一种不服输的劲头，所以，在企业中担任管理干部的比其他地方多。另外，女性考公务员的也多。因此，高知县女性经济相对比较独立，对男性的依赖度不高。

还有一个原因，是高知县的男人结婚年龄比日本其他地区早，女性没抓住机会，很容易一下子变成大龄"剩女"。

面对"三不主义"的盛行，日本政府最近通过了一份鼓励年轻人恋爱结婚生育的新政策，将女性每次生孩子的补助费提高到45万日元（约2.26万元人民币），并计划给每个孩子的"奶粉钱"提高到每月3万日元（约1 500元人民币），并一直领到中学毕业。到高中为止，孩子医疗均实行免费等。但是，这些优惠的政策依然打动不了年轻人的芳心，"要自由,没兴趣",正在成为日本解决少子化问题的重大绊脚石。

5. 东京大学毕业生为何不愿报考公务员

田中角荣出任日本大藏大臣（财政部长）的时候，才43岁，他创造了日本宪政史上两大奇迹：一是最年少的财政部长；二是学历最低的财政部长（实际是小学毕业）。

他走进大藏省上班的第一天，大藏省召开了全体干部大会。日本各大媒体集体出动，想看田中角荣一个笑话——一个小学毕业生如何领导一群东京大学的高才生。

没有想到的是，田中角荣走上讲台，面对台下一大群干部，就说了一句话："各位都是我国最高学府东京大学毕业的秀才，是国之栋梁，我只是一名小学毕业生。我只有一个要求，你们可以放手地去做任何事情，出了问题，我来负责。"

说完这句话，田中角荣走下了台，全场先是一片静寂，随后是一阵掌声。

此后，田中角荣历经2届内阁，当了3年的大藏大臣，后升任日本首相，实现了中日邦交正常化。

这件事过去已经半个世纪，之所以到现在还常常被日本人提起，是因为"小学生领导了一群傲气的东大高才生"。

东京大学成立于1871年，是日本排名第一的国立综合大学。它共诞生过18位诺贝尔奖获得者，19名首相，150多年来，一直是日本培养高级官僚的最大摇篮。像财政部、经济产业省、外务省这样的政府中枢部门，在过去更是清一色的东京大学毕业生。

"要当官，上东大"，这是日本社会一个根深蒂固的思维。东京大学毕业当官，是许多家庭的荣耀。

但是最近几年，东京大学发生了"异变"，报考国家公务员的学生越来越少了。

日本国家人事院于2024年5月28日公布的2024年度国家公务员综合职位考试合格者名单显示，录取的1953名合格者中，东京大学的毕业生仅为189名，是历年来最少的一次。2015年，东京大学毕业生还占到全部合格者总数的33.4%，到2024年，只剩下9%。

相反地，前往民间企业就职的毕业生越来越多。《东京大学新闻》（校报）报道称，日本最大的本土电商企业"乐天"，已经连续3年成为东京大学本科毕业生首选的就业单位。

这一现象，就好比北京大学毕业生找工作，首选阿里巴巴或京东。

为什么现在东京大学毕业生不想当官，而是喜欢成为一名企业员工了呢？

最大的原因是当官苦，而且没啥成就感。

在中央机关工作，加班加点是常事，到深夜11时，日本中央机关所在地的霞关，一半办公楼的灯还是亮着的。同时，因为各种会议的原因，早上六七点钟上班也是常事。因此，国家公务员中，干了几年离职的年轻干部不断增加。

其二，收入少。国家公务员虽然是"铁饭碗"，属于"一生安泰"的职业，但是，其工资水平只是大企业与小企业之间的中间值，因为他们的工资来自国民缴纳的税金，不能很高。

所以，干的是牛马活，拿的是打工仔的薪水，心理失衡也是许多东京大学毕业生不愿意成为国家公务员的一大原因。

其三，晋升慢。国家公务员的职务晋升，基本上还是沿用传统的年功序列制，不可能出现越级提升。所以，晋升周期长，机会少，有种"小媳妇等着熬成婆"的感觉。

一位东京大学毕业生在接受《东京大学新闻》采访时，谈到自己为何选择到乐天集团工作，说了以下几点理由：

第一，乐天是一个十分开放的国际化企业，英语是公司的公用语。自己加盟乐天后，部门员工八成是外国人，上司有中国台湾人，也有俄罗斯人。上班时间也不受限制，感觉工作环境非常的自由宽松。

第二，职务晋升很快，一般工作四五年，就能升为课长等管理职务，感觉有一种"人生只要努力、只要挑战，就会有成果"的满足感和成就感。

第三，乐天一直在挑战新技术新事业，挑战未来，因此，工作内容一直会有新鲜感。而且工作环境中到处都能感受到IT技术和AI技术的存在，自己有一种"时代人"的感觉。

第四，乐天的薪水是国家公务员的两倍以上。

除了乐天之外，东京大学毕业生选择金融机构、外资商务咨询公司就职的也逐渐增多，相反地，去制造企业工作的也开始逐渐减少。

日本国家人事院称，2024年度报考国家公务员的人数仅为13 599人，比10年前减少了40%。说明不愿意当官的不只是东京大学毕业生，已经成为日本社会的潮流。

到 2023 年 3 月为止的最近 10 年间，东京大学学生毕业后新创办的企业已经达到 526 家，而且每年以 40 余家的数量在增加，说明创业之风也在东京大学学生中蔚然兴起。

　　《东京大学新闻》总编本田舞花说："追求实力主义和个人价值的实现，已经成为这一代年轻人的一大特征，那种传统的'为国贡献'的意识渐渐淡薄，如何使得自己的人生产生最大价值化和利益化，成为许多年轻人选择职业的重要考量。越来越多的人放弃'安定型'的公务员工作，而投身于挑战型、成长型的职业岗位，说明东大学生在改变，而这种改变也将影响日本社会、影响国家未来的发展。"

6．日本社会出现一群"怪物新人"

与友人聚餐，他说我胖了，说他自己瘦了。

我开玩笑说："是不是被盛开的桃花折磨得遍体鳞伤？"

他说："桃花已经谢了，现在满眼都是带刺的玫瑰。"

朋友姓"平田"，在一家跨国公司里当部长，带着40多位部下，做食品进出口贸易。

他写了这么几个字，问我是否知道其中的意思？

我拿过来一看，写的是"モンスター新人"。我说，后两个汉字我认识，那个外来语单词不认识。

他给我解释说，那是"怪物"的意思，"モンスター新人"是一个新名词，意思是"怪物新人"。

我说，你的意思是说，"带刺的玫瑰"就是"怪物新人"？

他往喉咙里灌了一杯啤酒，狠狠地点了点头，说了一句："现在的年轻人怎么会变成这样？"

日本的财政新年度是从每年的4月1日开始，因此，日本的学制也是"3月毕业，4月开学"。大学毕业生走进社会，走进企业，成为"社会人"，是每年的4月。

4月还没有结束，平田部长已经开始苦不堪言，他的部里录用了4名大学毕业生，几乎都是名校学生。但是，他把他们称之为"怪物新人"。

酒后回家，我上网查了"モンスター新人"的资料，网上是这么解释的：

"モンスター"（Monster）可以翻译成"怪物级"或"超级"，意思是说在一位新手在某个领域（如运动、音乐或表演艺术）中表现出了超出预期、令人惊讶的优秀才能。这种称呼可能是出于对新职员的赞赏，也有可能是强调他们在短时间内取得的成就。

我想，这个意思跟平田部长抓破头的烦恼不在一个频道上。

于是再查，居然查到了一个网络调查。

这是在 2023 年 3 月 22 日，日本网络调查网站 Freeasy 开展了一项"你在职场里遇到的怪物新人的言行"的调查，结果显示，新职员们有 7 项言行令他们的先辈们头疼不已：

第一， 以自我为中心，做事随心所欲。

第二， 喜欢反驳、说不得。

第三， 迟到、缺勤、打瞌睡。

第四， 乱说话或说话冲。

第五， 不善于和人沟通交流。

第六， 神经过于敏感。

第七， 工作上的事不用心、记不住。

调查报告的评论区里，有不少的留言，讲述他们遇到的"怪物新人"的故事：

有一个新职员带着他的狗来上班。他说："这是一只小狗，不会叫。"（42 岁，公务员，女性）。

一个新来的员工在工作期间用手机播放音乐。当我警告他时，他板着脸问我："我为什么不能听？"我哑口无言。(46 岁，制造业，男性)

一位新人教师不会备课,我挺担心她,问她是不是需要帮忙。她说好啊,于是把资料推给我,自己居然回家了。(32岁,教职员,女性)

银行来了一位新职员做窗口,对待顾客的态度很不耐烦,我过去指出她的不对,她居然拿出手机,说了一句:"为了自卫,我必须录音。"(40岁,银行职员,女性)

新职员出现了工作差错,我帮他分析原因,他立即反驳了我一句:"失败是没有办法的事,有什么好啰唆的?"(45岁,医疗机构,女性)

新来的职员与客户打电话,居然跟朋友聊天一样。对于上司的个人隐私也是刨根问底,做什么事都带着"朋友的感觉",没有"职场意识"。(37岁,不动产业,男性)

一项工作做完了,也不报告。如果我不跟她打招呼,她自己不会去找下一件工作做。不管什么事,都不是口头报告,而是发一个LINE(日本版微信)给我。(41岁,事务工作,女性)

这些新职员表面上看起来很开朗,但本质上是十分内向。他们擅长在社交网站上交流,但越来越不擅长线下互动。他们追求"合理主义",认为拿多少工资做多少事,没有必要去做超越薪水范畴的事。他们似乎对自己的能力有着客观的认识,因此,他们不愿意承担超过他们能力范围的工作,少有挑战的勇气,习惯于等待上司的指示。拨一拨,动一动。(52岁,商社,男性)

日本社会为什么会出现这些新烦恼呢?

日本把二十几岁的年轻一代称作"Z世代"。

日本社会学家衣轮晋一分析认为,"Z世代"的父母曾被称为"新生代",喜欢跟孩子建立朋友式的关系。这种教育的结果,对于家庭来说,可能关系比较融洽,但是这会导致孩子们从小没有长幼有序,上下有别的意识。因此成年后走入工作岗位,也容易把所有的人际关系当作朋友关系,没大没小。他们中也有一部分人不信任成年人,甚至对于工作上的先辈有一种排斥的心理,觉得没有必要"因为你是先辈,所以必须服从你",对于上司也是一样,不是因为你是上司,我必须听你,而是你要拿出超越我的能力,我才服你。

衣轮晋一还说,"Z世代"的年轻人从小很少被父母打骂,甚至听不得批评,很容易把别人小小的告诫或指导理解成"责骂"。所以,所有的上司都必须懂得一个道理:要小心这群年轻人,他们都有一颗玻璃心。

这话,"Z世代"的年轻人们,听了一定不高兴。

7. 日本年轻人跳槽的十大理由

在许多人的印象中，日本是一个"忠诚"社会，学生一旦走出校门成为公司职员，那么，他就会一辈子奉献给这一家企业，而企业也要承担起养活他一家的责任。

这种"终身雇佣制"曾经被视为日本战后崛起、成为世界第二大经济强国的最大因素，也是"日本式劳动制度"的典范。因为它培养出了对于企业高度忠诚的员工队伍，也使得企业更愿意花大本钱去悉心培养专业人才，增强了企业强大的竞争力。

不过，这已经是 N 年前的故事。

在 20 世纪 90 年代，当时的日本首相小泉纯一郎从美国引进了"能力主义"与合同工制度，觉得日本社会必须有人才竞争机制，同时也应该允许有能之人寻找更大的职业舞台。

日本厚生劳动省在 2021 年进行了一次年轻人离职率调查，发现大学毕业生参加工作 3 年之内，跳槽的比例居然高达 31%。

其中，跳槽比例最高的几个行业，第一是酒店与餐饮业（51.5%），第二是生活相关服务业和娱乐业（46.5%）、第三是社会教育与课外补习业（45.6%）、第四是医疗和福利事业（38.6%）、第五是零售业（37.4%）。

跳槽比例最低的行业，是电力、燃气、供热、自来水等城市基础设施相关行业，仅 9.2%。

为什么有这么多的日本年轻人选择跳槽？

主要理由有十个：

第一，对于工资收入的不满。

在过去，许多人认为，从一名学生变成企业员工，最初几年都是人生职业生涯的"修业"时间，每月有一笔固定工资收入，已经谢天谢地。但是，现在的年轻人并不这么想，认为自己的长时间付出就应该得到更多更高的报酬。工资收入少，工作欲望就弱。

第二，工作压力太大。

一方面，从自由自在的学生生活一下子变成"朝九晚六"的上班族，要恪守时间、工作期限，还需要与同事、先辈打交道，还需要经常加班，一下子难以适应新生活节奏的人不少，有些人因此变得抑郁。

另一方面，在大学里表现优秀的人一旦成为公司员工后，失去学霸的优越感，甚至因为一时无法适应被上司批评、同事埋怨的工作环境，人生陷入迷茫的也是为数不少。

第三，对于公司的未来性、安定性缺乏期待和信心。

求职者选择就职时，由于信息收集不完整，进入公司工作后，发现并非自己想象得那么好，就会出现失望感，甚至被欺骗感。

尤其是被分配到单一部门工作后，对于公司的未来发展趋势无法予以全面了解，因此担忧自己的职业人生和未来。

第四，劳动时间长。

刚就职的新职员，大多不太愿意加班，对于没完没了的工作感到厌烦。同时，因为长时间上班或加班减少了个人可自由支配的时间，甚至影响自己的睡眠等感到不满。

第五，难以适应企业严格的工作结果要求。

在工作的头几年，许多人难以适应上司提出的严格的工作结果要求，因此产生苦恼和无力感，工作热情急剧下降。

第六，工作没有乐趣。

不少年轻人表示，刚参加工作时，自己热情很高，但是工作了一段时间后，发现工作根本没有什么乐趣。于是渴望寻找到能激发起自己工作热情的新环境。

第七，处理人际关系不畅。

工作场所的人与人之间的关系，要比学校复杂得多，感到力不从心。

第八，上升空间狭窄。

走出校门时志向高扬，一进入公司，发现周围同事到了40岁还没有当上课长，发现自己上升的空间十分狭窄，职务升进缓慢，感觉浪费青春与才华。

第九，自己的想法与公司经营者的理念、企业文化不符。

企业经营者的经营作风与经营理念、企业文化、办公室氛围与自己的性格或想法不符，因此选择离开。

第十，没有可以商量的同事。

工作上遇到困难时，没有可以商量的前辈或上司，自己陷入精神孤立的状态。这种状况，在三年新冠疫情期间居家办公的年轻职员身上尤为突出。

最近，日本社会诞生了一个新名词，叫"転職ネイティブ世代"（跳槽原生一代），这一代年轻人的最大特点是，从一进入公司开始就会时刻想着跳槽换工作。一遇到困难或者不如意，精神状态会从"不满"转变为"焦虑"。

跳槽中介网站 doda 称，最近在网站上登记申请跳槽的年轻企业职员的人数，10 年间已经增加了 26 倍，越来越多的年轻人开始思考自己的"市场价值"，寻找环境更好、工资待遇更好的企业工作。

"忍耐就是最大损失"，正在成为许多日本年轻人的人生新理念。

8. 束缚日本经济复苏的三大诅咒

樱花盛开时节,我读了一本书。

这本书是日本经济学家、千叶商工大学名誉教授斋藤诚一郎先生于 2001 年撰写的《日本经济非常事态宣言》,它从"三大诅咒"的角度解读了日本泡沫经济崩溃后被迫陷入停滞的根本原因。

日本从 20 世纪 60 年代开始,进入经济的高速发展期,在长达 20 余年的时间里,GDP 的增长率每年超过 10%。1990 年开始,日本政府人为地刺破了过于疯狂的经济泡沫。泡沫经济崩溃后,日本随之出现了公共债务过高、生产率低下和通货膨胀率长期低迷等问题,出现了"失去 30 年"之说。

为何经济高速发展是泡沫经济崩溃?斋藤教授认为,有三个"诅咒"一直束缚着日本。

第一个是"稳步上升的诅咒"。

战后的日本经济一直以"右肩朝上"的结构为基础。所谓"右肩朝上",用于描述图表或图形的状态,即数字向右移动时数值增加,表示商业环境或经营业绩比去年好,钱比去年赚得更多。一个最典型的社会认知,就是"明天一定会比今天好","土地和房地产是永恒的升值"。

长期的"右肩朝上"的结构,让人们相信偶尔的经济衰退只是经济的暂时调整,股市神话和土地神话已成为绝对的经济规律,并为日本经济提供了巨大的但尚未实现利润的想象空间。

泡沫经济崩溃时，许多日本人认为经济会像以往的衰退一样，在两三年内会出现回升，因此也敢于刺破泡沫。

但实际上，泡沫经济崩溃后，经济稳步上升的"右肩朝上"经济结构已经分崩离析。因此，在假定经济稳步复苏的基础上推出的经济刺激措施（减免所得税、大型刺激计划、零利率政策等）都未能达到经济上升的预期。

第二个诅咒是"霞关诅咒"。

日本的中央机关都集中在东京都的霞关地区，因此，"霞关"也成为"官僚机构"的代名词。

冷战期间，当西方国家将大部分资源用于军费开支时，日本却将资源集中用于经济增长。官僚们以西方先进经济体为榜样，制定了追赶和超越它们的战略。

大藏省（现在的"财务省"）建立了护送船队制度，为日本的超越计划提供资金的优化分配。通商产业省（现在的"经济产业省"）负责培育和强化成长型产业。其他中央部委关注成果的平等再分配，形成了所谓的"日本社会主义制度"。

1985年，日本成为世界上最大的资本供应国，而美国则沦为世界上最大的债务国。日本几乎实现了对西方的赶超，在纽约买下了帝国大厦。但与此同时，日本也失去了自己的目标。

此外，随着1989年的"柏林墙"的倒塌，世界进入了全球化带来的巨大经济竞争时代。日本失去了冷战时期的特权地位，日本官僚机构的"护送船队"制度失去了效力，官僚主导经济的架构也因此瓦解，日本经济开始陷入混乱境地。

第三个诅咒是"凯恩斯主义诅咒"。

凯恩斯主义经济学认为：绝对相信经济失衡（如低增长、失业、通货膨胀和国际收支失衡）可以通过凯恩斯主义宏观政策的运作有效的解决。

凯恩斯主义经济学已证明其在经济稳步上升的周期性衰退中存在着有效性。但是，正因为这一种短暂的有效性，使得凯恩斯主义经济学被神化，无法摆脱其魔咒。因此，在日本泡沫经济崩溃后，许多人坚信经济的衰退可以通过宏观经济政策的实施来解决，不仅没有认识到经济衰退是由结构性问题造成的，还提出了一系列拯救经济的措施，并反复实施，其中包括扩大公共建设投资强行拉动内需、动用公共资金拯救不盈利企业等，随着这些措施每每失败，不仅未能阻止经济低迷下滑，反而使得日本国家债务滚雪球般地增加，最终使得日本经济停滞了30年。

直到2001年，小泉纯一郎内阁提出了"没有结构改革，就没有经济复苏"的口号，以最后一家大型国企——日本邮政的民营化为突破口，实施"野火烧山"的极端手段，以"挤脓血"的方式进行经济结构的大改革，让经济回归完全的市场化状态。

随后接棒的安倍晋三在经过几次折腾后，从2012年第二次执政开始，颠覆性地实施了货币宽松等三大经济政策，使得日本经济终于走出困境，东京股市平均股价从8000日元攀升至现在的32000日元，国家财政收入从45万亿日元增加到72万亿日元（2022年），使得日本看到了走出泡沫经济阴影，开启新一轮发展的曙光。

这前后，日本折腾了30余年。

9. 日本企业为啥不热衷于上市

有一个奇怪的现象：跟日本企业谈合作，你告诉他，我们只要合作，5年后绝对可以上市。日本人一定会盯着你笑，说一句："是吗？"然后没有了下文。

为什么会出现这样的情景呢？一个很大的原因是，中国人认为，上市是办企业的成功标志，是生财的最佳途径。但日本人认为，上市是企业最大的冒险，是让经营者变得神经质的开始。

截至2023年6月，日本全国有企业约370万家，但是上市的企业总共只有3 880家，其中76%的上市企业的总部是在东京都、大阪府、爱知县、神奈川县和兵库县。上市公司只占日本企业总数约为0.09%。

我们来看看日本有哪些著名企业没有选择上市呢？

第一家是三得利公司，主要生产威士忌、啤酒、饮料等，创建于1921年，2020年度营业额为2.5万亿日元（约1 100亿元人民币），公司员工总数达到4万人。

第二家是竹中工务店，日本著名的建设公司，创建于1909年，2022年度的营业额为1.3万亿日元（约653亿元人民币），员工总数为1.2万人。

第三家是YKK，是日本著名的建筑材料和建筑加工机械制造销售公司，创建于1945年，原名吉田工业株式会社，2022年度的营业额为6 800亿日元（约341亿元人民币），员工总数为3.8万人。

第四家是JTB，是日本最大的旅行社，创建于1963年，2019年的营业额为1.4万亿日元（约704亿元人民币），员工总数为2.5万人。

第五家是乐天，日本著名的食品企业，创建于1948年，2022年度的营业额为5 000亿日元（约250亿元人民币），员工总数为4 500人。

第六家是住友电装，日本著名的汽车零部件制造企业，创建于1917年，2022年度的营业额为1.1万亿日元（约552亿元人民币），员工总数为23.5万人。

第七家是NTTdocomo，日本最大的手机通信公司，创立于1991年，2022年度的营业额为3.2万亿日元（约1 608亿元人民币），员工总数为4.6万人。1998年上市，在2020年选择主动退市。

这些拥有数万名员工的大企业，为何不选择上市？

因为对于日本企业来说，上市的好处只有两点：

第一，提升企业的信誉度。

第二，增加融资的渠道。

而这些日本大企业的行业信誉度与社会知名度已经足够，根本不需要依靠上市来为自己做背书。尤其是像三得利公司，全球都在疯狂地追捧它酿造的"山崎""响"等品牌的威士忌，知名度与信誉度已经名列世界前30名。同时，每年的纯利润也是极高，根本不需要通过股市去圈钱融资。

那么，对于这些日本企业来说，上市的话，会带来什么样的坏处呢？

第一，公司经营情况必须公开，变得异常透明。

第二，容易被资本收购，影响企业的传承。

第三，企业经营容易被资本左右，让经营者经常处于焦虑状态。

三得利公司不上市的一大原因，是100多年来，它一直是家族企业，属于家族式经营。对于三得利公司来说，不上市的话，能够确保经营的自由度，同时防止被资本侵蚀收购。

帝国数据库的调查称，到2023年5月，日本超过100年的企业总数已经达到42 966家。

但是，上市的企业仅为560家，其中历史最悠久的企业是松井建设公司，创业于1568年，是一家专门从事寺院和古城堡建设的公司。其次是住友金属矿山公司，成立于1590年。

这么多百年企业之所以不选择上市，一方面是因为多数企业经营规模较小，但是最大的原因，还是为了防止被收购，为了更好地传承。

10."日本首富"如何将优衣库做成国民服

"日本首富"、著名服饰品牌"优衣库"的创始人柳井正先生的可贵之处,有三点:

第一,他从早稻田大学毕业后,居然回到山口县的老家,继承了父亲的一家洋服店,愣是把这家街头小店发展成了世界最大的休闲服制造销售商,创建了含金量极高的全球知名品牌——优衣库。

第二,他没有去搞房地产,也没有去碰IT产业,愣是凭借一件休闲服,成了日本的首富,并与软银集团创始人孙正义轮流坐庄。

第三,安倍晋三第二次当上首相时,亲自去柳井正的家求贤,要求他出任内阁最高顾问,帮助安倍打理日本经济。柳井正一口拒绝:"我只是一个商人,对政治一窍不通。"

4月11日,日本迅销集团(优衣库)发表了2024年2月的中间连结决算(半年期)报告,报告显示,优衣库的销售额比2023年同期增加了9%,达到15 989亿日元(约754亿元人民币),最终利益则大增27.7%,达到1 959亿日元(约93亿元人民币)。

优衣库集团的全年决算期是在每年的8月,该公司称,全年度的营业额有望首破3万亿日元(约1 415亿元人民币)大关。

这是优衣库集团创立40周年来最好的业绩。其中海外的营业额占据了 55%，尤其是北美和欧洲的市场，实现了增收增益的好业绩。

优衣库是与日本泡沫经济旺盛与崩溃同步跌宕的，尤其是最近 30 余年的迅猛发展，印证了：性价比是战无不胜的法宝。

1990 年，日本泡沫经济崩溃后，国内消费出现了停滞。收入出现减少，或者不愿意动用存款消费的人们，对于商品的需求，更多地倾向于性价比高的产品。而此时，优衣库粉墨登场，瞬时风靡日本。

为什么优衣库能够赢得经历了泡沫经济时期世界名牌服饰疯狂洗礼的日本人的青睐？其实原因很简单：

其一，优衣库服饰低调，没有明显的 LOGO，让你可以自由搭配任何服饰。

其二，优衣库服饰的材料大多由日本著名的纺织企业东丽公司研发提供，面料好，科技含量很高，尤其是内衣和保暖衣。

其三，价格亲民，介于高端与低端之间，老百姓都买得起。

这就是优衣库服装被日本人称为"国民服"的原因。

在 2024 年 4 月 11 日的决算说明会上，柳井正社长并没有沾沾自喜，他说，日本国内市场不尽如人意，2024 年度半年期中，销售额减少了 2%，主要是因为暖冬。如何做好日本国内市场，是今后的一大努力课题。

在说明会上，柳井正社长还就最近的日元贬值问题发表了自己的观点。他说，从日本国内市场来看，消费者的实际收入在减少，适当控制购买欲是必然的事。我们不能因此提价，但是，我们也可以考虑适当降价，让更多人能够掏钱购买。如今的日元汇率创下了历史性的最低值,对于日本来说,日元大幅贬值并非好事,那些对日元贬值兴高采烈的人,我觉得脑子有点问题。

对于今后的发展目标,柳井正社长表示,公司已经提出了今后10年的营业额要实现10万亿日元的目标,但是我觉得有可能提前实现。

柳井正如何将一家街头小店发展成为世界第一的休闲服公司,而且几十年不倒,他的经营学很值得研究。

11. 日本企业活下来的秘诀

2024年元月，我为北京大学国家发展研究院做了一场网上讲演，主题是：日本如何走出泡沫经济崩溃的阴影。

在回答大家提问时，有一位教授提了这么一个问题：日本不少企业经历过世界金融危机，经历过泡沫经济崩溃，经历过战争等冲击，为什么依然能够活下来？

我回答说，日本百年以上企业有35 000多家，占到了全世界百年以上企业的一半。为什么日本企业能够活得这么久？我觉得有两个很重要的内在因素：

第一，日本许多企业家认为，做企业首先是做事业，不是为了先赚钱。所以，企业不能以追求利益作为第一要务，必须先把事业做好做扎实，做出口碑做出信誉，才可以考虑赚钱，而且还不能赚有违职业道德与良知的钱。

第二，做企业不要老是想着做主角，要学会做配角。也就是说，你在这个行业里面，不要老是想着做老大，也不要老是想着要上市，而首先应该把自己做成行业中的精品企业，做成独角兽企业，做成行业产业链中的重要一环。哪怕是只有几个员工的小企业，只要有独到的技术和产品，就能够在行业与市场中拥有一席之地。盲目追求"做大做强"，一定会先死掉。

正因为有这两个因素考量，日本社会的基本认知是：做企业是"细水长流"的事，而不是"急功近利"的活。一家企业努力10年能够走上正轨发展之路，已是万事大吉。

确实，日本多数百年企业都经历过第一次、第二次世界大战，经历过世界金融危机，经历过20世纪90年代的泡沫经济崩溃，更是经历了历史上无数次的地震海啸的袭击。尤其是经历了3年多新冠疫情的惨烈冲击，但是，他们大多活了下来，而且还活得很好。

日本经济新闻社最近做了一次调查，得出的结论是：2023年度，日本上市企业的纯利润，将比2022年度再增加16.6%。

2022年度，日本上市企业中已经有三分之一的企业创下了历史最高的纯利润额。2023年如果再进步的话，那么，日本企业的发展与盈利的势头将更加猛烈。

日本最大的企业调查公司——帝国数据库的统计称，日本企业平均的寿命是34.1年。这一数据，在全世界名列前茅。

日本企业之所以能够活得长久，除了以上两大因素之外，更为重要的是，日本企业有一个很好的经营原则，那就是"蓄水经营，安全驾驶"。

所谓"蓄水经营"，就是企业要学会存钱，家有余粮心不慌，谁也预料不到明天会发生什么。所以，企业有钱时不乱投资，要学会忍耐，学会存钱，以备万一。

日本"经营之神"稻盛和夫先生曾经表示，他创立的京瓷公司即使7年不赚一分钱，公司也不会倒闭。

京瓷是世界500强企业，拥有8万余名员工，可想京瓷内部有多少存款，水库里存了多少的水。

正因为"蓄水经营"，所以，在3年多新冠疫情期间，日本破产企业数量之少，创下了战后的最低纪录。

到过日本的朋友，一定会发现，日本的高速公路上，汽车都是排队行驶，很少有人超车。也就是说，车流一直是一条直线，而不是蛇行。

为什么日本人会如此开车？因为日本社会有一个基本的认识：十次超车九次事故。你也许超车成功了，但是整个车流可能会因为你的超车而不得不放慢速度，甚至因为你的超车事故，导致整条高速受堵，大家均遭受影响。

所以，开车也罢，经营企业也罢，一定要"安全驾驶"，做好本业，抵制诱惑，一步一个脚印向前进，不要想着弯道超车争上游。

12. 日本当年的泡沫经济是如何产生的

2023年年末,我在上海做了一场有关日本经济的讲演。

在谈到日本泡沫经济是如何产生时,我讲了一个故事。

这个故事的主人公,大家不一定熟悉。但是,他演唱的那首歌,大家一定会哼几句。

20世纪80年代,日本有一首很走红的歌,叫《北国之春》,在中国,唱红这首歌的是蒋大为先生,而在日本的原唱者是鲜为人知的千昌夫先生。

许多人一定是第一次听说"千昌夫"的名字,但是在那个年代,千昌夫是日本红得发紫的头号歌手,而且几乎垄断了日本所有家电制造企业的广告代言。

1977年12月31日的红白歌会上,千昌夫以一曲《北国之春》唱响人生。

为什么在《北国之春》红遍海内外的情况之下,千昌夫后来却默默无闻了20多年?原因很简单,因为他碰到了泡沫经济崩溃这枚雷。

一名歌手,怎么会跟泡沫经济搭上边呢?

在20世纪七八十年代,日本经济进入高速发展期,GDP的增长率一度突破15%。日本大量家电产品和半导体产品的出口,赚取了大量的外汇,这些赚回来的钱都存到了银行里。

钱到了银行手里,如果不贷出去的话,银行就产生不出利润。所以,当时银行给每个银行职员下达一个指标:一个月必须贷出去10亿日元。

银行职员领到任务指标，找谁去贷款呢？先找亲朋好友下手，亲朋好友不行的话，再去找名人。

终于有人找到了千昌夫，对他说，现在日本人都喜欢去美国的夏威夷举行婚礼，那里酒店不够，你不妨去建个酒店如何？

千昌夫听了一愣："我没钱，而且也没什么东西可以担保。"银行职员拿出一纸合同，说："你签一个字就行。"那是一份歌曲著作权的担保协议，因为银行相信，千昌夫一定会唱出比《北国之春》更感人的歌。

于是，千昌夫贷了2 000亿日元，在夏威夷的海滩边上建了一栋五星级酒店。

酒店还在建的时候，又一家银行的职员找到了千昌夫，对他说："现在日本人喜欢打高尔夫球，你酒店建了，总不能让日本人整天泡在夏威夷海中，也不能总是待在酒店的房间中，去建一座高尔夫球场如何？"

千昌夫说："我没有钱啊。"

银行职员说："没关系，你有歌曲著作权担保就行。"

结果，千昌夫又贷了2 000亿日元，计划在夏威夷建大型的高尔夫球场。

很快，千昌夫有了"歌坛地王"的外号，几任太太也都是美国籍的金发女郎。

千昌夫的人生，可谓波澜万丈。那个时候，日本社会诞生了一个"土地神话"，谁炒土地，谁炒楼盘，谁就能够发大财。

日本的地价从20世纪80年代初期开始一路飙升，银座的一块土地，今天是 10 个亿，一转手，就有人以 12 亿日元接盘。因为谁都知道，市中心的土地是卖一块少一块。

结果，东京银座的一平方米土地的价格飙升到 70 万美元（约 500 万元人民币）。东京都 23 个区的地价总和达到了可以购买美国全国土地的水平。于是，日本人喊出了一句响亮口号："卖掉东京，买下美国。"

在这种情感的驱动下，三菱财团买下了美国洛克菲勒中心大楼。日本实业家横井英树买下了美国帝国大厦。象征美国与纽约的两栋最高最漂亮的大楼，全部落入了日本人之手。

《纽约时报》为此向美国人发问：到底是谁打赢了第二次世界大战？

然而，日本政府在经济与金融出现暴走的情况下，猛然踩下了刹车，日本大藏省（财政部）发布紧急信贷政策，严禁向房地产和金融投资机构大量提供贷款。1990 年，日本泡沫经济开始崩溃，房价和股价在一年间暴跌 50%。原来 1 亿日元的房子，打对折也卖不出去。

此时，银行开始向职员下达收贷指令：每个月必须收回 10 亿日元贷款。

于是，千昌夫家门口债主若市。

当年一天还 5 000 万日元（约 250 万元人民币）利息都不怕的千昌夫，最终负债金额残留 3 000 亿日元（约 150 亿元人民币），实在无力自救，不得不宣布破产。

如今，年近 70 岁的千昌夫再度登台演唱《北国之春》，已经唱不出原先的味道。

13. 日本进口商品为何比国产商品便宜

进入2023年，日本社会最困惑的一件事就是超市商品价格的上涨，尤其是食品类商品，平均价格上涨了20%～30%。

日本物价为何大幅上涨？最大的原因是日元的大幅贬值。从2023年初到9月，日元贬值了30%。

日元为什么会大幅贬值？

不是因为日本经济不好，而是因为美元不断升值所迫。

为什么日元贬值会导致日本物价上涨呢？

原因在于日本农副产品的自给率只有38%，也就是说，六成以上的农副产品全部要依靠进口。同时，日本石油天然气的自给率也只有5%，95%是依靠进口。

这种食品与能源"两头在外"的生存模式，使得日本社会对海外资源产生了极大的依赖性，也使得日本社会对于国际局势尤其是周边安保环境极度敏感，生怕有人断了日本的"海上生命线"。

日本的火力发电主要依靠石油天然气，而日元贬值就会使得石油天然气价格的飙升，于是电费和油费价格就上涨。电费油费价格的上涨，必然导致生产成本的上升，并直接导致商品价格的上涨。如果像农副产品等原材料进口价格也上涨的话，那么，日本老百姓真的会喘不过气来。

日本社会出现了这么一番风景：电费和油费的销售价格没涨——靠政府补贴压价；食品价格上涨——政府补贴不过来。

于是，日本超市里出现了另外一道风景：买进口的，不买国产的。

为什么买进口商品，而不买国产商品？

因为进口商品便宜，即使日元贬值30%，还是比国产的便宜。

譬如，从澳大利亚和美国进口的牛肉其价格比日本国产的牛肉价格便宜将近一半。区别在于，日本国产的牛肉脂肪纹路细腻，肉色呈粉红；而澳大利亚和美国的牛肉，肉质粗，肉色呈血色。

所以，你在日本的居酒屋等大众酒场、主题烤肉店吃到的牛肉，别指望是日本国产牛肉，更别说是"神户牛""松阪牛"。

又譬如，从中国山东省进口的花生一包卖180日元（约9元人民币），而日本千叶县产的花生一包要卖到500日元（约24元人民币）。

为什么日本国产的商品比进口的贵？

最大的原因，是商品的生产成本不一样。

譬如，日本农民种植一公顷的小麦，其生产成本是60万日元（约3万元人民币），但是实际售价只能达到6万日元（约3 000元人民币），原因在于，日本是一个狭长形的岛国，多山地，农民的耕作面积狭小，劳动效率低，直接导致劳动薪金成本的高涨。所以，日本政府为了养活农民，维持住农副产品的自给比例，不得不向农民提供高额的农业补助。

又譬如，1吨米的生产成本大约需要21万日元（约10 500元人民币），而美国只需要2万日元（约1 000元人民币）。为什么差距这么大？原因在于美国国土辽阔，农田可以实施大规模的机械化生产，而日本农田狭小，农民只能依靠精耕细作。结果是，日本稻米个个都是精品，味道一流，但是价格奇贵，一般是10千克售价4 000日元（约200元人民币）。

奇怪的现象是，商家大多使用进口商品，因为便宜，可以产生高利润。而日本社会民众，大多数依然在超市里选择国产商品。

为什么会出现如此分裂的怪现象？

最大的原因，就在于日本民众对于国产商品有信心，对于进口商品不怎么放心——除了葡萄酒。

日本国产商品，无论是品质管理，还是农药管理，都比海外精细与严格，"国产商品绝对安全"，这是日本人普遍的自信。

所以，日本人愿意在吃的问题上花"冤枉钱"，就在于对本国商品的高度信赖，甚至是盲目崇拜。

14. 东京最热闹的夜市街

到东京,如果晚上要去吃一点夜宵,最好的去处,便是银座餐饮街。

银座是亚洲最大的繁华商业区,不仅汇聚了全日本最多最古老的百货公司、世界著名时尚品牌的专卖店,而且也汇聚了全世界的餐饮,日本三分之一的米其林三星店坐落在这里。同时,银座也是日本最高级的娱乐区,各种酒吧、俱乐部(夜总会)林林总总,达3 000多家。所以,从明治时代开始,"吃喝玩乐"四大元素一直支撑着银座的百年繁华。

银座是全日本地价最高的地方,三越百货公司前的五丁目十字路口,有一家古老的文具店鸠居堂,店前的一平方米土地的价格,2022年度高达4 224万日元(约219万元人民币),连续37年位居全国"地价之王"的宝座。

地价高,自然导致商业房价也高。想在银座大道租一间店铺,一般情况下,150平方米的月租需要150万日元(约7.5万元人民币)。因此,一般的餐饮店、小吃店,自然不敢开在最繁华的地段,房租成本太高,生意没法做。

那么,如果晚上想出去吃点夜宵喝点小酒,银座商业区哪里有这样的餐饮一条街呢?你只要抬头寻找铁路高架桥,那条穿越银座商业区和日比谷中央商务区之间的铁路高架桥下面,便是东京公司白领们加完夜班出来喝一杯的好去处。

这条餐饮街,从新桥车站到有乐町车站,在绵延1 500多米的桥底下与周边，汇聚了近千家各色餐饮店，有意大利法国餐厅、中华料理店，也有居酒屋、拉面店、寿司店、鸡肉烤串店，等等。形形色色，应有尽有。

这条餐饮街有一个正式的名称，叫作"銀座コリドー街"（银座走廊街），许多店都营业到早晨4点钟。

为什么会在桥底下形成一条餐饮街呢？

因为银座地区实在是寸土寸金，银座大道附近开不起拉面店和居酒屋。同时，银座地区又是游客和购物客如云，再加上新桥商务区和丸之内中央商务区有几十万名白领需要吃喝，因此，人们把眼睛盯上了铁路高架桥下面的那块空间。

日本最早的铁路建于1872年，是从东京的新桥到神奈川县的横滨。1908年，日本取得日俄战争胜利后，开始在皇宫前兴建东京车站，于是，新桥车站的铁路线也北延到东京车站。当时建的铁路线因为要穿越市区，所以铁路线一开始建的就是高架桥。经过100多年的岁月，如今的这座高架桥上共有8条列车线，其中包括从东京车站始发前往京都大阪和福冈的新干线，是日本铁路交通大动脉的咽喉。

这座高架桥建造时，就用红砖砌出了一个个漂亮的桥洞。这些桥洞的设计者是德国柏林高架桥的设计师。很快，人们开始在这些桥洞下摆摊做生意，于是，铁道公司开动脑筋，把一个个桥洞开发成一家家店铺，形成了东京最为繁华的餐饮街。

漫步这条餐饮街，看到那陈旧的红砖，用啤酒箱搭起来的餐桌，你可以感受到大正、昭和年代的浓浓味道，更能领略到东京这座国际大都市在豪华商业街中的庶民烟火气。

到东京，不妨去银座走廊街喝一杯。

15．京都人的小生意

日本人把蔬菜称作"野菜"，为什么叫"野菜"？可能是在野外种植的缘故。

全日本最有名的野菜当数"京野菜"。

"京野菜"不是东京种植的蔬菜，而是京都的蔬菜。

京都是日本的千年都城，这个"千年都城"并非1 000年前是都城，而是作为都城延续了1 000多年。

正因为如此，京都形成了许多独特的文化和习俗，包括饮食文化。

天皇和那么多皇亲国戚生活在这座城市里，还有历代管理国家的将军们，需要过上一种人上人的生活，自然对于饮食也有独到的要求。于是，从平安时代（中国的唐朝）开始，陆续从中国和朝鲜半岛引进了不少的蔬菜品种，同时也对本土的野菜进行改良，形成了独特的"京野菜"系列。

1988年，京都府对于"京野菜"有一个专门的定义：必须是在明治时代以前就已经引进种植的蔬菜品种。

为什么要以明治时代为界呢？因为明治天皇离开京都，跑到东京不肯回来。虽然现在京都的皇宫依然保留着，天皇到京都也必会入住，但京都事实上已经失去了"首都"的意义。

京都人对明治天皇的背叛很生气，一直到现在！

京都位于两山之间的平原地带，有一条"鸭川"河穿越其中，黑土地非常肥沃，而且气候也十分宜人，很适合蔬菜的种植。

因为京都的宫廷料理较多，因此，蔬菜讲究精耕细作，味道十分浓郁。正因为如此，"京野菜"有"少量、高价、新鲜"的特点，大多供给各种高档的日本料理店，早上采摘，中晚上桌，确保京都的怀石料理的鲜度与天然的味道。同时，也可以满足京都众多寺院的素食——"精进料理"的制作所需。

传统的"京野菜"只有13种，包括萝卜、茄子、小辣椒、葱、红薯、芋艿、柚子等。其中，芋艿称作为"唐芋"，是不是从中国传入？有待考证。

传统的"京野菜"中，没有黄瓜，史料记载说，黄瓜最早是在公元6世纪，由日本高僧空海从中国带入日本的，所以日本人把空海称作为黄瓜的"元祖"。

也不知为什么，空海回到日本后种植的黄瓜，味道较苦，所以折腾了许多年，一直作为药材使用。到了江户时代，德川将军执政，德川光圀对于黄瓜甚为歧视，称黄瓜"有毒无益"，下令"不种不吃"。

1585年，耶稣会传教士路易斯·弗罗伊斯在日本传教，写了一本《日本与欧洲文化比较》，其中提到黄瓜，说："日本人对于所有的果物，都是在没有完全成熟的时候就开吃，唯独黄瓜要等到颜色变黄完全成熟后才吃。"

也许，中国古时也是如此，因此有了"黄瓜"之名。

日本如今将黄瓜称作"胡瓜"，念作"キュウリ"（Kyuuri），为什么叫作"胡瓜"？因为黄瓜的原产地是印度，也许是通过丝绸之路传入中国，系"胡人所为"，因此称作"胡瓜"。

日本在明治时期对黄瓜进行了改良，去除了苦味，作为一种蔬菜开始在全国普及开来。到昭和时代，黄瓜的产量成为日本果蔬类的第一位，因为日本人发现，它最适合做成酱菜，作为家庭长期保存的食品。

京都的酱菜十分有名，也有一个专用的名词，叫作"京渍物"。

"京渍物"的特点是"浅渍"，也就是腌制 1～2 天就吃，味道鲜嫩，口感特好。

陪客人到京都，去清水寺的参道上，发现有许多人拿着一根黄瓜在啃。我感到很好奇，因为以前是拿着一个抹茶冰激凌在吃。

寻访过去，发现卖黄瓜的店，都是"渍物店"。我也买了一根尝尝，发现有一种淡淡的咸味。

店主人说，腌制了一夜，然后浸泡在冰块里，既有咸味，又保持了黄瓜原有的味道，夏日也十分清凉，所以最近变成了人气商品。

这种腌黄瓜一根卖到 300 日元（约 15 元人民币），而在超市里，3 根黄瓜才 100 日元（约 5 元人民币）。这 300 日元可以在渍物店里买到一小包京酱菜。但是，酱菜销量有限，一根黄瓜单独卖，生意居然比冰激凌还要好，这个小生意可真做火了。

16．日本政府的机关食堂如何经营

最近，日本千叶市政府的新办公大楼落成，位于 2 楼的机关食堂"然膳"也宣告开张。

千叶市是千叶县政府的所在地，与东京都相邻，东京迪士尼乐园就在那里。

这个机关食堂共有 160 个座位，坐在食堂里可以望见窗外的景色。这个机关食堂是千叶市政府的职员食堂，同时，也是"市民食堂"，因为来政府办事的市民或者到政府大楼里逛一圈的市民，都可以使用。

为什么政府机关食堂，一般的市民都可以使用呢？

千叶市政府的广报室解释说，政府大楼是市民之家，政府职员的薪水来自市民缴纳的税金，所以，市民自然有权力在政府食堂用餐。

问机关食堂有没有政府的补贴，广报室称"没有"，因为不可能用市民缴纳的税金给政府职员补贴饭钱。也就是说，机关干部花多少钱吃饭，市民也花多少钱，餐费是"官民一致"的。

千叶市政府机关食堂是委托神户市的一家餐厅连锁店公司经营的，每个套餐的价格在 500～700 日元（约 25～35 元人民币），比街巷的餐厅的午间套餐总体便宜 50 日元左右（约 2.5 元人民币），营业时间是上午 11 时至下午 2 时。

政府机关食堂向市民开放的，不只有千叶市，还有东京都政府。

位于东京都新宿的东京都政府大楼的第 32 层,是一家机关食堂。坐在窗前,可以一览东京都的城市风景,天气好的话,还可以看到富士山。所以,这家食堂也成了市民的"观光胜地"。

东京都政府机关食堂最有名的套餐是咖喱饭、炸虾套餐、牛排套餐和拉面,价位也在 600 日元(约 30 元人民币)左右,食材大多是东京都本地产的。

整个食堂分成东、南两个餐厅,座位有 776 个,所以到中午时,整个食堂熙熙攘攘。过了午时,则相对比较空。所以,想坐在临窗的座位,一边用餐一边看都市风景,最好是选择下午 1 时之后的时段。而咖啡时间则是从上午 8 时至下午 5 时。

地方政府的机关食堂向市民开放,那么,中央机关的干部食堂,一般人能不能进去吃呢?

目前,向一般民众开放的中央机关的食堂,有经济产业省、厚生劳动省、农林水产省、国土交通省、国家公安委员会等。

2019 年日本内阁府调查的数据显示,全国 85% 的地方政府机关食堂都是向市民开放的。

17. 在日本当销售员需要培养哪些素养

2022年，松井哲走出大学校园，成了一名"社会人"。

他先后应聘了12家公司，最后被4家公司内定，他最终选择了一家国际商社。

国际商社是日本社会的一个特殊存在，它原来是日本财阀集团的中枢机构，一般拥有自己的银行、国际贸易公司、国际投资公司、国内外加工生产基地、涵盖全球的销售网络。所以，国际商社是日本经济中的航母舰队，是驱动日本经济向前发展的发动机。

三井物产、三菱商事、住友商事、丸红、伊藤忠商事等都是日本国际商社的代表，这些巨无霸企业集团控制了日本经济的命脉。可以说，像日本这样的"国际商社"，在世界其他国家存在不多，所以它是日本社会与经济的一种特殊的产物。

无论是东京大学毕业，还是早稻田大学毕业，国际商社都是大多数毕业生入职的首选，因为在这样的公司里不仅能够获得比别人更多的成长资源，同时也可获得比别人更高的薪水。

松井走进公司的时候，先在公司的研修基地参加了2个月的学习培训，了解公司的历史、集团的架构与组织体系，学习公司的企业文化以及工作规则等。

研修结束后，松井才知道自己被分配到了国内营业部，成了一名销售员。

这一年中，按照松井的说法，自己"不是正在见客人，就是在见客人的路上；不是在喝酒，就是在前往喝酒的途中"，因为公司的企业文化中有一条规则，那就是"生意是腿走出来的"。也就是说，你必须亲自上门、不断会面、多次交流，才有可能获得客户的信赖，从而获得生意。

我见到松井的时候，发现他已经不再是一个柔弱的书生，而是像个运动健将。他拿出手机给我看每天走路的步数，没有少于1万步的。

问起做销售员的心得，松井说，这一年的时间，自己最大的长进是卡拉OK唱得好了，酒量进步了，小腿粗了。

他说，在日本做生意，不管你是大公司，还是小公司，尊重对方是相当的重要。因为哪怕是5个人的小作坊，也可能是一家独角兽企业，生产宇宙工业中不可缺少的某种关键零部件。所以，绝对不能以为自己是大公司的人，就可以居高临下地对客户说话，必须时时谦恭，说话都要用敬语。

为了能够与客户打成一片，下了班后，如果没有其他安排，松井就会一个人去卡拉OK店里练歌，因为时常会和客人一起去酒吧喝酒唱歌，如果自己不会唱，就难以烘托热闹的气氛，会让客户感到没趣。

松井是从昭和年代的老歌开始练习。因为客户的年龄段不一样，唱的歌都不一样。所以，自己必须学会各个时期的流行歌曲，随时可以与客户同台共鸣，不会让客户产生代沟感。

其次是练酒量，学习酒文化知识。

松井说，日本人的喝酒文化跟中国人的和旧文化不同，中国人往往选高级的喝，而且一桌人只喝一种酒，譬如喝茅台。

而日本人在一起喝酒，第一杯往往搞集体主义，喝一样的酒，多数是啤酒。而从第二杯开始，就各喝各的，因此喝得五花八门。

"作为一名销售员，必须懂得所有酒水，尤其是葡萄酒，要懂得各国与各种葡萄酒的口味、历史、年份背景、配什么菜合适，能够主动地帮客户选酒，让客人喝得满意，又不贵得离谱。"松井说。

做了一年的销售员，松井感悟到"销售员哲学"的核心并不是唱歌与喝酒，而是"话术"，也就是说话的技巧。

松井总结出来的经验是：

第一，与客户说话，最重要的并不是讨好客户，奉承客户，而是要获得客户的信任，这是关键。因此，介绍产品时，一定要说真话、要说对方能够理解的话，好就是好，不足的地方也要说透，注意点也要说清楚，别把自己的东西吹到天上去。

第二，与客户说话，口气一定要谦恭、诚恳，哪怕对方不耐烦，也要笑眯眯到底。

第三，要顺着客户的思路说话，说他喜欢听的话，不可逆流而为。

而最为微妙的一点是，就是你在与客户交谈时，既要让对方感觉你了解对方，又不能让对方感到你在背后调查了他们，产生不必要的警惕心，这种"度"的把握，需要极高的技巧。

在国际大商社，你要想向上进步，有没有做过销售员的经历和业绩，是至关重要的一个职业环节。松井说，他的梦想是希望有一天到中国公司当董事长。

18. 东京大学为何禁用 ChatGPT

大型对话型人工智能（AI）语言模型 ChatGPT 由美国 OpenAI 公司开发，它将改变我们与计算机交互的方式，以及我们对人工智能的看法，它是未来人工智能发展的一个重要里程碑。

ChatGPT 推出还没有几个月，就在日本社会引起了很大的震动，这一震动并非有公司去模仿 OpenAI 公司的技术开发"日本版 ChatGPT"，因为这涉及知识产权保护问题，而是如何制定 ChatGPT 的使用规则。

日本头牌国立大学——东京大学在 2023 年 4 月 3 日以副校长的名义向全体师生发表了一封公开信，公开信称，ChatGPT 不是检索软件，而是一个"相谈"系统，因此，学生的学位论文和学业报告不能用 ChatGPT 来完成，因为 ChatGPT 完成的文章是利用了长期积累的学习知识而写成的文章，很可能会涉及信息泄露和侵害著作权等问题。

公开信要求教师们充分认识 ChatGPT 的机能，认真审查学位论文和学业报告。

公开信最后表示，禁止使用 ChatGPT 并不能解决问题。重要的是考虑如何避免一些问题的发生，积极构建 ChatGPT 的新用法、新技术和新的法律制度，探索与 ChatGPT 共存的新途径。

除东京大学之外，东北大学和上智大学等日本著名大学也都发表了 ChatGPT 的使用指南，反对学生直接用这一 AI 系统来写作论文。

日本这些著名大学对于ChatGPT的反应，揭示出了这一革命性语言模型技术的三大风险问题：

其一，ChatGPT是网罗互联网大数据信息进行智能化的甄别组合写作而成的东西，很容易发生著作权问题。

其二，学生使用这一语言模型做作业，将会大大降低思考力和创造力，令人类思维趋于钝化。

其三，不成熟不完备的数据、资料一旦被ChatGPT学习与利用，很容易生成错误的信息并广泛传播。

那么，日本政府对于ChatGPT是什么态度呢？

日本内阁官房长官松野博一在众议院内阁会议上代表政府表示，日本政府不会禁止ChatGPT使用，但是担心这一AI系统会导致一些重要信息的泄露，有必要考虑制定相应的对策。

也就是说，日本政府承认ChatGPT是一款充满魅力的创造性技术，很有实用价值，但是，因为存在着诸多风险，有必要制定使用规则。

那么，日本地方政府对于ChatGPT的使用是什么态度呢？

东京都知事小池百合子在记者会见中表示，虽然ChatGPT还有许多值得改善的地方，但东京都政府已经组成了一个专门小组，研究如何活用好这一技术，并寻求活用的多样性。

北海道知事铃木直道则在同一天的记者会见中表示，作为我个人，已经试用了ChatGPT，并认为在正确性问题上存在着值得探讨的课题。既然存在着风险，就必须作出慎重的回应，北海道政府内部目前没有使用ChatGPT的想法。

目前，日本每天有 100 多万人在使用 ChatGPT，已经成为使用 ChatGPT 语言模型的重要国家。

毫无疑问，ChatGPT 是人类科技发展史上的一项革命性技术，在应用领域里如何规范这项技术，是世界各国面临的共同课题。不能因为它存在风险而扼杀它，而是应该制定使用规则来优化它，最终能够让它成为人类的好助手，这才是我们应该探讨的 ChatGPT 的发展之路。

19. 日本企业经营为何能够长长久久

在日本的关西地区,自古有一群经商之人,叫"近江商人"。这群商人以大阪、京都为中心,北至江户(今东京),南至琉球(今冲绳),并下南洋至东南亚各国,从经销日用品开始,逐渐涉及金属与木材等大宗商品领域,成为"日本商人"的代表。

"近江商人"之所以成功,因为他们遵循一条行商的原则,那就是做生意要"三方良し",译成中文的话,就是"三方好"。

哪三方呢?

其一是要"卖方好"。卖方有利可图,才有动力去做努力做生意。

其二是要"买方好"。也就是要让顾客满意,让顾客得到利益和实惠。

其三是要"世间好"。也就是要让社会也得到好处。

那么,商人做生意、办企业,社会能够得到什么好处呢?首先是缴纳税金,确保民众的福利与国家建设。除缴纳税金之外,企业还要再单独拿出一部分利益来回报社会。

"近江商人"的这一"三方好"核心经营理念,将追求企业永续发展、利益回报顾客与社会作为企业的最高经营目标,而非企业自身利益的最大化。这一传统的经营理念已经成为许多日本企业经营的核心价值。

"世间好",指的就是日本企业的社会贡献,也就是人们常说的"CSR事业"。

那么，日本 350 多万家企业中，哪些企业每年做出的社会贡献最大呢？

2021 年度的日本社会贡献排行榜显示：

第 1 位是三菱 UFJ 银行。

第 2 位是三井不动产公司——这是日本最大的商业地产公司之一。

第 3 位是索尼公司。

第 4 位是本田汽车公司。

第 5 位是 KDDI 通信公司。

第 6 位是大冢控股集团。

第 7 位是三得利公司（饮料公司）。

第 8 位是日本电信电话公司（NTT）。

第 9 位是 NTTdocomo 通信公司。

第 10 位是日本最大的烟草公司 JT。

孙正义创建的软银集团排名第 12 位。

这些企业用于"社会贡献"的钱款有多少？主要用于哪些领域？

譬如排名第 1 位的三菱 UFJ 银行，它在 2021 年度的社会贡献支出总额达到了 92.7 亿日元（约 4.8 亿元人民币）。这 92.7 亿日元中，支出额最大的领域是"金融经济教育"，这是面向中小学生开设的有关金融和经济的教学活动。第二个是资助致力于消除教育贫富差距问题的 NPO 市民团体。第三个是与日本的联合国教科文组织联盟合作，向非洲等贫困地区国家的儿童捐赠教育经费和教育设施。

我们再来看看三井不动产公司，它在 2021 年捐助的社会贡献金额也达到 87.1 亿日元（约 4.5 亿元人民币），它的捐款主要是用于振兴地方的经济，扩大地方社区交流活动，譬如支援地方的商业设施和商务楼里的一些展销活动，支持普通家庭间的交流活动。同时与东京大学合作，在东京大学里开设了一个教育学术研究合作工程，将东京大学的"智慧"与三井不动产的"场所"进行有机的融合，在城市的各个角落为东京大学的学术研究活动提供支持。

三井不动产公司还充分利用拥有许多商业设施的优势，将商业设施内一些卖不掉的服装通过 NPO 团体和日本救援医疗中心，提供给发展中国家救助贫困人群。

排名第 3 位的索尼公司，它在 2021 年的社会贡献捐款总额是 78 亿日元（约 4.1 亿元人民币）。索尼公司与三菱 UFJ 银行和三井不动产不同，它的社会贡献钱款主要用于开发儿童的科学技术等方面的知识，而且索尼设立了一个教育工程"CurioStep"面向全球展开，这一教育工程致力于让孩子们在科学、技术、工学、艺术、数学等领域有迅速的提升和发展。同时，索尼音乐财团还向学生们提供提升音乐素养的课程和音乐体验活动，同时积极资助年轻艺术家的演艺活动。所以索尼的社会贡献的侧重点是在科学和艺术。

日本企业的"社会贡献"资金捐助是有标准的，金额相当于他们的税前利润的 5% ～ 10%。

总体来讲，日本企业"社会贡献"的主要目的是面向未来，一方面是面向中小学生，另一方面是关注社会的贫困问题，尤其是发展中国家的贫困问题，所以资助的目标比较长远，而且基本上与自己的主业相关。

所以，发源于大阪地区的"三方好"的行商理念，在21世纪的今天，依然是日本企业遵循的经营原则，那就是不能光让企业和老板发财，更要承担起社会责任，把一部分的利益回报给社会，只有大家好、社会好、世界好，企业才会更好。

20．丰田章男为何突然辞去丰田社长职务

2023年1月26日，丰田汽车公司举行视频记者会，丰田章男社长突然宣布辞去社长职务。

丰田是全球最大的汽车制造与销售公司，这一消息迅速轰动了整个世界汽车产业界：今年才66岁的丰田章男为何要卸去社长的重责？

我们先来回顾一下丰田章男的人生。

丰田章男是丰田汽车公司创始人丰田喜一郎的长孙，他出生于1956年5月3日，父亲丰田章一郎曾担任丰田社长，母亲丰田博子是三井财阀一族第八代传人、原三井银行董事三井高长的女儿。丰田章男的夫人是原三井物产副社长田渊守的女儿裕子。

出身名门的丰田章男毕业于日本著名的私立大学——庆应义塾大学法学部，后去美国巴布森大学经营学院攻读MBA。毕业后，进入美国一家投资银行工作。27岁时回到日本，隐瞒自己的出身应聘到丰田汽车公司，经人事部门面试考核获准就职。从一名普通的汽车售卖员做起，历经丰田汽车公司所有部门，练就生产组织、市场销售的能力。最终于2009年6月，在他53岁时，才获得董事会的一致同意，出任丰田汽车公司社长，也因此实现了公司的经营权回归创业一族的目标。

在任14年间，丰田社长积极拓展海外市场，使得丰田成为全球销售量最大的汽车公司。同时，积极推动氢能汽车与氢能

技术应用市场，动工建设富士山未来智能城市，提出了"创造下一个汽车百年时代"的目标。他培育的新品牌"雷克萨斯"已成为丰田高级车的代表。但是，在电动汽车领域，丰田社长过多顾及零部件供应商们的就业与生存利益，使得丰田的电动汽车的起步落后于中国等市场。

在记者会上，丰田社长说到自己的辞职理由时，说了这么一句话："私は少し古い人間。"（我已经是一个有点背时的人。）

他说："我一直无法超越作为一个汽车制造者的思维范畴，这是我的局限。我认为现在有必要退一步，让丰田进入一个新的篇章。为了推进丰田的变革，我退居会长来全面支持新社长，是我最好的选择。"

丰田社长说："汽车发展了100多年，现在已经进入'新百年时代'，而这个新百年时代已经是AI时代，虽然我也努力将汽车与数码技术、AI技术相融合，想创造出一个汽车新时代新领域，但是我已经感觉到了自己能力的极限。丰田需要变革，需要新的社长来完成这些使命。"

人们常说："富不过三代。"作为丰田家族的第三代传人，丰田章男已经把丰田做到了"世界第一"。但是，他并没有居功自傲，而是选择了急流勇退。这位喜欢驾驶赛车参加F1大赛的企业家，觉得把公司的未来寄托给年轻一代，去完成丰田公司的转型创新，这比什么都重要。

丰田章男没有选择自己的儿子丰田大辅（35岁），在他的眼里，儿子还只是一个不成器的"屁小孩"。他选择了公司的执行董事、"雷克萨斯"高级轿车的研发掌舵人佐藤恒治（53岁）。

佐藤恒治出生于 1969 年 10 月 19 日，毕业于早稻田大学理工学部机械工学科。1992 年 4 月，在他大学毕业后，就进入丰田汽车公司工作，曾负责卡罗拉和普锐斯的发动机等核心零部件开发，目前是雷克萨斯车研发生产的总负责人，也是赛车研发部门的最高责任者。

作为一位长期从事技术业务的工程师，佐藤恒治少有人知悉。2022 年 6 月，丰田社长驾驶第一代的丰田氢能赛车参加富士 F1 大赛，佐藤相伴左右。佐藤和丰田社长第一次一起公开亮相，是在 2023 年 1 月 13 日开幕的东京改造车沙龙展上。丰田社长在展会上介绍了公司的一项新业务，就是让老爷车们换上最先进的氢能电池动力系统，实现"旧瓶装新酒"的梦想。在介绍当中，丰田社长突然招呼佐藤上台，问他有没有带来自己的那辆老爷车。

佐藤在不久前购买了一辆 40 多年前制造的丰田 AE86 轿车，并自己动手对这辆老爷车进行了改造。

佐藤登台后，一边介绍自己的老爷车改造过程，一边与丰田社长互动，在众多记者的镜头前，留下了俩人的第一张公开的合影。

那时，谁都没有想到，这是丰田社长编导的前奏曲。十多天后，丰田社长突然宣布，公司董事会正式决定，任命佐藤恒治为公司新社长，而自己退居会长（董事长）一职。

在日本，社长是公司的最高经营者，而会长则是退居二线的"最高顾问"。

丰田章男在记者会上介绍佐藤新社长时说，佐藤不仅年轻，而且是一位十分热爱车的人。汽车行业正在经历一个包括电动化在内的历史性的变革时期，佐藤的任务就是要带领年轻的团队，将丰田转变为一个包括移动服务在内的新型"移动公司"。

其实，丰田社长选择佐藤作为自己的接班人，最大的原因就是俩人都"爱车如命"。

这里有一个不是笑话的笑话。

在2022年12月的泰国车展上，丰田社长带着佐藤出席丰田氢能赛车的展示活动，在发动机的轰鸣声中，丰田社长突然对佐藤说："你来当公司社长怎么样？"佐藤听了一惊："社长你太会开玩笑了。"丰田社长说："我是认真的。"

一个月后，佐藤真的成了丰田新社长。

在记者会上，丰田社长还说了这么一句话：今后，佐藤要担负起引领33万员工的丰田公司转型发展之责，而我将致力于带领540万日本汽车产业工人为日本汽车产业的转型创新摇旗呐喊。

丰田章男是日本汽车工业会的会长，他在两年前的记者会见中曾表示，日本政府要求在2035年前完全中止燃油汽车销售的目标，是对汽车产业工人不负责任的表现，零部件制造企业的转型需要资金，需要时间，更需要整个产业链的互动协作。

正因为有这么一个"护短"的考量，丰田社长对大力推进电动汽车（EV）发展持有抵触情绪。但是，市场的发展不等人，丰田社长开始感觉到自己"老了"。

把丰田公司交给年轻一代去转型，而自己则带领整个日本的汽车产业界走出时代的困境，这也许就是丰田章男正在考虑的历史使命！

21. 稻盛和夫创立的公司为啥年年盈利

稻盛和夫先生去世的消息传出后，不少与稻盛和夫有过交往的日本经营者都写文章怀念他，好多人谈到了老先生的"小气"。

"如果你听说稻盛先生到了东京，晚上去有乐町的一家吉野家等着，十有八九就能够遇到他。"这是大家对稻盛先生的调侃。

吉野家是日本的一家快餐连锁店，在日本属于价格便宜得不能再便宜的餐饮店，一碗牛肉盖浇饭才 350 日元（约 17 元人民币）。一名新入职的大学毕业生一般的月薪就有 20 万日元（约 1 万元人民币），吉野家的这碗饭基本上就变成了"穷人饭"。

稻盛先生经常在吉野家请部下，甚至请名人吃饭也是如此。经营意大利连锁餐厅的"我的意大利料理"社长坂本孝先生回忆说，1995 年的时候，稻盛和夫先生创建的京瓷公司成了京都足球队的最大赞助商，这支球队有一名出色的选手——巴西人拉莫斯。有一次，稻盛先生请拉莫斯吃饭，当拉莫斯兴冲冲地赶到有乐町时，发现稻盛先生说的餐厅居然是吉野家。他有些不相信，隔着窗户往店里瞧，还真发现稻盛先生在店里等他。

当时，坂本社长也在场。稻盛先生和拉莫斯各点了一碗牛肉盖浇饭，然后开始聊足球。吃到后来，稻盛先生感觉少了点，又叫了一小碟牛肉，120 日元（约 6 元人民币），俩人一起吃。天天在球场上奔跑的拉莫斯实在有些不好意思，吃了两筷子就不敢动了。稻盛先生就劝他说"都吃完,别浪费"。结果,俩人的碗里都没剩一粒饭,那一小碟牛肉,连汤都喝完了。

itomo 研究所所长小仓健一说,有一次,稻盛先生去中国出差,看到街边在卖糖炒栗子。稻盛先生走过去想买一袋,因为日本的糖炒栗子挺贵。当时那家店的糖炒栗子是 5 元人民币一袋。稻盛先生问店主能否便宜一点,店主不认识稻盛先生,一口拒绝了他。结果稻盛先生犹豫了一下,没有买,悻悻离去。

稻盛先生创建了京瓷和 KDDI 两家世界 500 强企业,2017 年的《财富》排行榜上,稻盛和夫的个人资产达到 840 亿日元(约 41 亿元人民币)。稻盛先生捐了 200 亿日元(约 10 亿元人民币)成立了"稻盛财团",设了"京都奖"来奖励世界杰出的科学家与艺术家,被誉为"日本的诺贝尔奖"。他又给自己的母校——鹿儿岛大学捐了 80 亿日元。给自己的家乡鹿儿岛市捐了 20 亿日元。一位如此富裕和出手大方的人,为什么待人如此小气呢?

稻盛先生在自己的经营哲学中,有过这样的表述:

可能一直要求自己节俭的缘故,我这个人怎么都学不会奢侈。我出差时经常一个人用餐,如果在宾馆的餐厅消费,一顿晚饭的花销可能会高达几千甚至一万日元。对于那些能够坦然享受如此"高消费"的人,我是无法理解的。

稍微计算一下就能知道,我们平时在家里自己做饭,每顿的成本价应该不会超过 1000 日元;可到了宾馆,随便一顿就要花好几千日元。

公司业绩比较好的时候,我们往往容易放松对经费的控制,觉得"花一点小钱无所谓"或不必那么小里小气的。这样一来,各部门的浪费累积起来,就会极大地影响整个公司的利益。

一旦养成了自我放松的习惯,当经济形势变得严峻时,即使想要紧缩经费,也很难恢复到原有的状态。因此,无论在什么情况下,我们都必须注意节俭。

把经费压缩到最小限度,可以说这是我们参与经营最贴近的方式。

在京瓷创立伊始,由于当时"一穷二白",因此向员工强调节俭是理所当然的。而在历经40年后,公司已然成为一家合并结算销售额高达七八千亿日元、利润将近800亿日元的大企业。可能有人会问,我为什么还要以节俭为宗旨,并依然坚持实行呢?

人的想法会不断变化。我在讲解"人生方程式"时,已经向大家详细阐释过这点。"以节俭为本"是京瓷哲学的根基,是最为重要的条目。我一直强调,人的思维方式和哲学思想最为重要,但它其实是在不断变化的。所谓"人心易变",在人的一生中,并不会持续抱有同样的想法。

有的企业家在一段时间内凭借高尚而优秀的思维方式取得了事业的成功和人生的幸福,但随着功成名就和周遭环境的变化,其思想变得腐化,人格也开始堕落,最后公司破产倒闭,曾经辛苦创立的基业毁于一旦。这绝非耸人听闻,而是确实存在的现象。换言之,随着企业家思维方式的变化,企业的经营状况也会相应地变化。

"以节俭为本"是极为朴素的准则,对于现在的京瓷而言,这规矩似乎有点"小家子气",但我经常强调"现在是过去努力的结果,将来取决于今后的努力",即便销售额高达几千亿日元,即便成了世界级的大企业,也不能忘记勤俭节约。我认为,这是企业经营的根基。

不管自己变得多么富有,不管企业变得多么优秀,都必须做到"不忘本,不变质"。这就需要企业家常怀自省之心,常思克己之道。

——《京瓷哲学:人生与经营的原点》

稻盛先生把节俭视作人生的修行,也视作企业经营的根本:"蓄水经营"才能立于不败之地。他创立的京瓷公司,半个多世纪以来,无论遭遇如何的危机,都没有出现过一年的赤字。

稻盛先生走了,他留下的"京瓷"已成为日本最为优良而富裕的企业:即使7年不赚一分钱,也不会倒闭。

稻盛和夫先生一生中还做过两件重要的事。

一件是拿出个人的所有资产,设立了"稻盛财团",并设立了"京都奖",表彰世界各国为人类发展作出贡献的优秀科学家和艺术家,"京都奖"也因此被称为"日本的诺贝尔奖"。

"诺贝尔奖"是以设立者诺贝尔先生个人的名字命名,而稻盛和夫先生为何不以个人名字,而以公司所在的京都市命名呢?

稻盛先生曾说过一句话:"京瓷能够发展到今天,是靠了京都市和京都人的支援与努力。"

显然,一直满怀"利他"思想的稻盛先生设立"京都奖"不是为了让自己名垂青史,而是为了感恩社会、感恩世界。这是一种企业家的情怀，更是一种圣人的胸怀。

另一件事就是不让自己的孩子在京瓷公司里担任任何的职务，不许参与公司的经营。

在接受《周刊朝日》杂志专访时，稻盛和夫先生曾经谈到一个"人生失败"。

他说："虽然我培养了许多的经营者，但是，作为父亲，我没有培养好自己的孩子。孩子学校的活动一次都没有去参加过，平时也没有照顾她们。"

稻盛先生生有3个女儿。

"爸爸没有时间陪你们一起玩，没有去参加学校的活动，你们一定会感到很寂寞。但是，爸爸不只是属于我们这个小家，还有公司几千人的大家。为了公司员工，爸爸必须拼命工作才行。"稻盛先生这样对孩子们说。

有一天夜里，稻盛先生与女儿们谈心，对她说："爸爸作为公司的社长，从银行里借了许多的钱。如果公司倒产的话，不只是公司没了，爸爸作为公司的连带保证人，这个家和家具，所有的财产都会被没收，所以，爸爸必须拼命工作。"

还是小学生的女儿们似懂非懂，只知道爸爸为了这个"家"必须没日没夜地努力。

在谈到公司为何没让女儿们接班问题时，稻盛先生说了这么一句话："我不能让自己的孩子去经历艰难的人生。"

这也许是稻盛先生给孩子们的一份特别的父爱！

22. 日本"四大经营之神"如何应对经营危机

日本战后涌现了"四大经营之神"——松下电器创始人松下幸之助、本田公司创始人本田宗一郎、索尼公司创始人盛田昭夫、京瓷公司创始人稻盛和夫。这四位卓越的企业经营者都已离世，但是他们都为后世留下了自己独特的经营思想与理念，并确保了自己在离开人世间后，企业不管遇到怎样的风浪，依然能够生存与发展，直至成为"百年企业"。

松下电器公司创建于 1918 年，本田创建于 1934 年，索尼创建于 1946 年，京瓷创建于 1959 年。

日本有全世界最多的"百年企业"，共有 35000 余家，大多数是温泉旅馆、餐饮与食品、建筑与贸易等企业，制造业要成为百年企业，不是一件容易的事。

除小字辈的稻盛和夫之外，其余 3 位经营之神都是在 20 世纪 90 年代前后去世，离开人世间都已经有了二三十年的时间。这二三十年间，日本经历了泡沫经济的崩溃、亚洲金融危机、世界金融危机、东日本大地震、三年新冠疫情的冲击，没有了创始人的这几家公司，依然保持了强劲的发展势头，依靠的是什么？

依靠的就是创始人留下的高品质"遗产"和后继者忠诚不渝地遵循与守护。

这些"遗产"不只是企业的规模与盈利模式，不只是创业者的思想与追求，更为重要的还是企业的管理制度、文化和人才的培养机制。

那么，遇到天灾人祸之时，这些经营之神留给后世都有哪些应对的思想与经验呢？

松下幸之助先生有一句名言："成功靠的是运气，而失败的责任在于自己。"

松下先生认为，企业的发展并不会是想象中的那样顺利，遇到困难是很常见的事。要把成功看作"运气好"，而不是因为你是经营天才。而失败的话，责任完全在于经营者自己，不能怨天尤人，不能把责任推卸给他人。作为企业经营的活动，机会和威胁共存，所以成功时不可得意忘形，因为成功时往往蕴藏着危机。有钱时一定要想象没钱时的情形，企业必须"蓄水经营"，才能久远生存与发展。

本田宗一郎先生认为，不要只看一个人的成功史，因为他人的成功不一定对自己有帮助，可是他人的失败可以作为他山之石，拿来攻玉。所以，不要为99次失败气馁，而应该一心为第100次成功努力。

本田先生还认为，人没有刺激就不会进步。当一个人身处逆境、走投无路时，智慧就显得尤为宝贵。发明的最好条件是吃苦耐劳，是亲身体会痛苦。经受的痛苦与获得的荣誉往往成正比。如果说有了荣誉就没有痛苦，这是绝对不可能的。同一年龄，经受过失败的人能吃苦耐劳，因为这些痛苦的经历可成为一股力量，成为人生飞跃的基础。本田能走到现在就是始于一系列的失败和幸运转折。

盛田昭夫先生在任何时候都不断告诫员工，不能满足于取得的成就，因为一切都在迅速变化，不仅工艺技术领域如此，人们的观念、见解、风尚、爱好和兴趣也是如此，任何企业如果不善于领会这些变化的意义，就不能在商界生存，在高技术的电子领域尤其如此。越是陷入危机时，越要提升士气，人是企业的最大财富，索尼必须依靠不断创新，以新制胜，创造市场。"誓做开拓者"是盛田先生勉励全体员工的"公司训言"，也是索尼历经成功与失败之后，不断创造辉煌的法宝。

稻盛和夫先生认为，越是失败的人，越容易产生这两种思维：第一种，遇事总爱抱怨；第二种，遇到困难就逃避。人生不管遭遇怎样的苦难，都要勇敢地接受自己的命运，以积极乐观的心态面对人生，这样你的人生才能越活越精彩。一味地抱怨并不能改变困境，只会让人越来越差，但如果你换一种积极的心态去面对的话，困难会减少很多，你的人生也将会呈现出另外一番光景。

稻盛先生说，成功和失败都是一种磨难。不管人生面临什么样的苦难，不抛弃、不放弃，终有一天你会取得成功。

所以，经过三年新冠疫情的冲击，我们如何面对企业经营的困境，如何面对失败，如何拯救企业重振雄风？日本经营先哲的思想与理念会给我们带来生命的激励！

23. 日本的银行为何成为裁员大户

日本传出一个消息，说日本政府在 2022 年度的国家财政税收突破了 70 万亿日元（约 35 466 亿元人民币），这是泡沫经济崩溃 30 余年来的最高纪录。税收增加的主要原因是企业法人税和所得税的增加，也就是企业收益的增加，在 2022 年度，日本上市企业中，4 家中有 1 家的纯利润创下了历史最高纪录。

而在 6 月初，日本文部科学省公布的 2023 年年轻人就业调查报告显示，大学毕业生的就业率达到 97%，高中生的就业率达到 98%。几乎可以说，是接近 100% 的就业。

日本是不是已经结束泡沫经济崩溃 30 余年以来的低迷期，迎来了新一轮的经济发展期？对此是众说纷纭，目前还没有一个明确的定论，日本政府对此也是闷声不吭。确实，单是看最近一两年的数据，难以作出判断。但是，日本经济向好的态势还是比较明显的，这是事实。

经济向好，就业率提高，但是，并不意味着日本企业没有裁员。

这几年，裁员人数最多的单位是银行。

日本三大银行——瑞穗银行、三井住友银行、三菱 UFJ 银行都先后宣布裁员计划，每家银行的裁员规模在 7 000 ～ 10 000 人。

为什么在经济向好的背景下，银行却成了"就业困难户"呢？最大的原因是银行业务网络化和 ATM 机的普及。

日本各大银行都开设了网银服务，使得收付款等业务都可以通过电脑和智能手机的简单操作可以完成，而不需要特地跑银行办理。

其次是，日本的便利店集团参与银行业，使得每一家便利店几乎都有 ATM 机，且 24 小时服务，随时都可以办理取款、汇款等业务。

还有一点是，二维码电子支付的普及，使得现金支取与支付量也越来越少。

这样一来，银行的营业网点的来客大为减少，大量店铺不得不关闭整合，柜台人员无事可做，人员出现了大量的富余。

于是，以往香喷喷的银行员工，一下子成了日本社会最大的裁员对象。

日本的银行大多数是民营金融机构，属于企业。

那么，日本的银行是如何裁员的呢？

首先，不可能出现"明天别来了"的问题。因为银行裁员和其他企业裁员一样，涉及《劳动保护法》等法律，都必须按照法律程序来处理裁员或辞职等事宜。最为重要的是，银行裁员（解雇员工）必须提前一个月通知本人。同样，员工辞职也必须提前一个月向单位提出。

其次，银行必须为被裁员工办理好"失业救济金"的领取等相关手续材料，以便被裁员工可以到政府机构领取失业救济金，失业救济金相当于原工资的 70% 左右，领取时间约为 1 年。

关键是，除非银行倒闭，一般银行的裁员是实施弹性裁员计划，而非一刀切。譬如某一家银行宣布要裁员 1 万人，但是，裁员的实施时间为5年，也就是平均每年裁员2 000人左右。

但是，实施的方式基本上为两种：一种是奖励性裁员，呼吁员工自愿报名离职，银行将给予自愿离职的员工以高于原标准的50%以上的奖励；另外一种是自然裁员，也就是大幅减少新员工的招收人数，以抵消员工的总数。

日本国家预算的33%用于社会保障，但是，由于"少子老龄化"问题的日益严重和临时工人员的增加，缴纳社保基金的越来越少，领取社保金的人员越来越多，而且领取时间越来越长。因此，日本政府要求将员工的事实退休年龄延长到65岁，政府机关必须带头，允许公务员到65岁离开岗位。

这样一来，长期雇用员工成为日本政府机关和企业必须履行的一项"社会责任"，虽然日本企业的99.9%都是民营企业，但是大规模裁员的企业会被戴上"不良企业"的帽子。所以，一般企业能扛就扛，不会轻易裁员。过去三年，反而是日本近年来裁员人数最少的年份。"有福共享，有难同当"，这是许多日本企业的雇用理念。所以银行裁员，也不能采取单方面一刀切解雇的方式，而只能用"自愿辞职"和"自然减员"的方式，采用减量的手法实施裁员。

中国企业『出海』日本

1. 李嘉诚抢占先机投资北海道滑雪胜地

　　北海道的一个滑雪小镇"二世谷"（ニセコ），迎来了新冠疫情后的第一个冬季。

　　2024年1月25日的天气数据是：气温零下20摄氏度，雪厚1米，酒店给出的小时工资是2 000日元（约100元人民币），创下日本小时工资的最高纪录。滑雪客比2019年猛增1.5倍，一房难求。

　　二世谷的西北一侧靠近日本海，西伯利亚的寒流卷裹着日本海潮湿的空气形成的"粉雪"，就像棉花糖一样散落在二世谷的高山上。

　　虽然二世谷的雪质非常优异，但是到了冬季，日本到处是"雪国"，滑雪胜地数不胜数。所以，日本人不太愿意特地赶到北海道的二世谷来滑雪。

　　最先发现二世谷价值的是澳大利亚人。当南半球还是炎热夏天的时候，坐上10个小时的飞机飞到北海道，却可见漫天飞雪。喜爱滑雪的澳大利亚人，终于发现了一处圣地，即使摔倒在雪场，也不会摔痛屁股，二世谷的粉雪，实在太温柔。

　　于是，澳大利亚人开始在二世谷圈地建别墅——这是十多年前的事。

　　2019年，我去二世谷游玩，北海道房地产开发公司社长石井秀幸带我去看一个牧场。辽阔的牧场前豁然矗立着一座山。他说，这是"北海道的富士山"，叫"羊蹄山"。

我喜欢滑雪，更喜欢这里的美景。于是，在牧场边上买了一小块地，准备搭个小屋看大家"翻跟斗"。

后来才知道，二世谷的真正大地主并非澳大利亚人，而是中国香港和新加坡的投资家。澳大利亚人只是"玩主"，而中国香港与新加坡人，才是"地主"。

李嘉诚先生早在 8 年前就把二世谷最大滑雪场周边的大批土地囊括手中，新冠疫情期间落成的高级酒店式公寓，当初只卖 2 亿日元（约 1 000 万元人民币）一套，疫情结束后，已经涨到了 4 亿日元。同时，一个大型的商业设施也在建设中。

"姜还是老的辣"，当中国许多房地产公司纷纷寻找事业的突破口，或造汽车，或投芯片，忙得焦头烂额时，李嘉诚干的还是房地产，却在北海道金盆满钵。你咬牙切齿也没用，这就是眼光。

其实，除了李嘉诚先生，中国大陆资本也已经开始悄悄进入二世谷投资。阿里巴巴早在 2019 年就在二世谷建成了占地 15 亩的研修中心。一家中国民营企业已经买下了二世谷 3 万平方米的山林坡地，准备开发度假别墅区。

二世谷的"二地主"是新加坡的郭氏投资集团。郭氏集团在二世谷既投资五星级酒店，又建设高级酒店式公寓，等许多人反应过来，发现紧挨滑雪场的几处高级酒店，全是郭氏集团的资产。

现在，"三地主"也来了。

2023 年 12 月，路易威登在二世谷 HANAZONO 柏悦酒店里开设了一家专卖店。英国一家大型酿酒公司帝亚吉欧在二世谷阿尔卑斯酒店旧址上开设了一家冰酒廊，供应高端龙舌兰酒。欧洲资本开始盯上了二世谷。

在"2023年世界滑雪大奖"评选中获得"最佳新滑雪酒店"荣誉的Setsu Niseko（雪月花）酒店，1月下旬的房价显示，一室套房（可容纳四人）三晚的价格为53.22万日元（约2.6万元人民币），即每晚17万日元（约8 300元人民币）。

这还是"小巫"。2023年获得Award"全球滑雪精品酒店类最高奖"的Haku Villas酒店，顶层大套房一周的住宿费用为3 500万日元（约170万元人民币）。据说这几天在这里一掷千金的人物，是一位来自越南的富豪。

去宇宙游玩了一圈的日本投资家前泽友作买了一架直升机，开了一条从北海道新千岁国际机场到二世谷的"空中出租车"航线，6人座中型机，往返72万日元＋3万日元停机费，共75万日元（约3.65万元人民币），本来需要2小时的车程，直升机只需要30分钟，还可以空中游览一圈，火得不得了。

学马斯克造火箭老是失败的日本投资家堀江贵文，干脆买了1个集装箱在二世谷开了一家拉面店，一碗味噌拉面售价2 500日元（约120元人民币），比东京高出3倍，还天天排队。

发现这几位日本人在二世谷是"玩生活"。

二世谷是近几年来全日本地价涨幅第一的地区。2030年，从东京始发的新干线列车将穿越津轻海峡直接开到二世谷，全程约4个多小时。这是二世谷未来的魅力所在。

看来别炒股了，还是到二世谷买地吧，跟着李嘉诚先生搞投资，能学到一点东西。

2. 华为在日本设立海外最大研发中心

华为是中国第一批做手机的企业，但是一直难以获得根本性的技术突破。

2005年，华为开始在日本设立华为技术日本株式会社，采购日本的手机与通信设备零部件。因为那时，日本几乎所有的电机公司都在做手机，品牌多达十余种。

但是，进入2010年，日本人发现，日本手机规格不仅不能成为国际标准规格，同时外闯中国市场，也不敌摩托罗拉、诺基亚，甚至不如韩国的三星。在日本国内市场有限，海外市场又闯荡艰难的情况下，NEC、松下电器、夏普、富士通、东芝等电机公司纷纷宣布抛弃手机事业，唯有索尼和京瓷公司还继续硬撑。

这么多日本著名企业宣布抛弃手机事业，令一大批手机工程师面临失业。

华为创始人任正非先生敏锐地捕捉到了这一信息，于是决定在日本建立研究中心，以高薪招募日本的手机工程师们加盟华为。

于是，华为先后招募了1 000余名日本手机和通信技术工程师，在东京、大阪、横滨、福冈等地建立了10个研究所和营业机构。

在日本技术的加持下，2018年，华为手机在品质上直逼苹果，销量成为世界第二。

日本经济新闻社在 2019 年委托专业公司分解了当时华为推出的最新 5G 手机 "Mate 30 Pro"。

结果显示，华为 Mate 30 Pro 手机，一共 1 631 个零部件，美国制造的零部件只占 0.9%、中国大陆制造的占 4.9%、韩国制造的占 34.4%、中国台湾制造的占 5.09%，而日本制造的达到 869 个，占比 53.3%。

如果按照零部件的成本金额计算：

美国制造占 16.3%、中国大陆制造占 38.1%、韩国制造占 7.7%、中国台湾制造占 7.9%、日本制造占 23%。

这一调查报告出台后，日本舆论哗然。2020 年，华为在日本采购的零部件超过 1 万亿日元（约 500 亿元人民币），占到当年中日贸易总额的约 8%。

但是从 2018 年开始，美国千方百计打压华为，并要求日本一起限制核心电子零部件向华为出口。那时，从智能手机的全球市场份额来看，华为正在逼近美国苹果。2018 年供货量统计显示，华为以 2.06 亿部排在第 2 位，占全球市场 14.7% 的份额。而苹果下降至 2.088 亿部，占比 14.9%，两者的差距已经非常的小。

在美国的打压下，一些日本企业也开始停止向华为出口核心零部件，令华为手机的品质信誉和销售量一度下滑。

2023 年 8 月，华为推出新手机 "Mate 60 Pro" 后，日本经济新闻社又请专业公司对华为新手机进行了分解。结果发现：

中国制造的零部件比例按金额计算达到 47%，比 "Mate 30 Pro" 提高了 9 个百分点。而日本制造的零部件从 4 年前的

23% 大幅减少到 1%。美国减少到 2%，而韩国企业的份额达到 36%，上升了 28 个百分点。

尤其是华为手机的最核心零部件之一的传感器，已经由索尼改成了三星。同时旭化成制造的电子罗盘也已经消失。

日本经济新闻社的分解还显示，"Mate 30 Pro"的主控芯片使用的 7 纳米芯片虽然由华为子公司海思半导体设计，但生产则委托给台积电 (TSMC)。而此次华为新手机"Mate 60 Pro"使用的 7 纳米主控芯片依然是由海思半导体设计，但是制造则由中国的中芯国际 (SMIC) 负责。

不管怎么样，华为的新手机已经令西方社会震惊。美国智库战略与国家研究中心 (CSIS) 于 10 月发表的一份报告称，美国为了使中国无法生产电路线宽在 14 纳米～16 纳米以下的芯片，严格限制向中国出口用于制造尖端半导体的设备和技术。不过，用于生产电路线宽较大的通用半导体的旧式制造设备不包括在管制对象之中。

CSIS 的报告指出："很显然，中芯国际使用旧设备制造出了 7 纳米芯片。在降低中国技术能力方面，美国已经失败。"

很显然，不管美国如何联合日本对华为实行零部件和设备的封锁，但是华为在日本的技术研发成果属于自己的"脑力"，日美两国无法禁止。

日本最高学府东京大学透露的消息说，2023 年毕业就职的研究生中，有 17 人进入了华为日本公司工作，且多为 AI 技术专业相关的研究生。一名在东京大学获得工学博士的中国留学生说，他第一年的年薪超过了 1 000 万日元（约 50 万元人民币）。

而即使在丰田汽车公司这样的巨头企业，博士毕业生的第一年年薪也不到400万日元。

目前，华为日本公司1200余名正式员工中，日本本地员工总数已经达到85%，日本成了华为在海外最大的研发中心。

3. 比亚迪闯开日本电动车市场

2023年已经过去，中日两国的汽车界传出两条消息。

第一条是，中国的汽车出口量首次超过日本。

根据中国汽车工业协会发布的最新数据，2023年，中国共销售汽车3 009.4万辆，比2022年增加了12%。出口汽车增加了58%，达到491万辆；其中新能源汽车出口量为120.3万辆，猛增了77%。俄罗斯进口车辆的92%来自中国。

2023年，日本汽车出口量的统计数据还没有发表，但是1—11月份，出口量为399万辆，加上12月份的数字，还是追不上中国的出口量。

第二条消息是，2023年，中国最大的电动汽车制造企业比亚迪在日本市场销售总量为1 446辆。

比亚迪发表的消息说，2023年的汽车销售量首次突破300万辆大关，达到302.44万辆，增加了61.9%。其中，包括混合动力在内的新能源车的销售量，也占据了世界首位。出口汽车242 765辆，同比增长334.2%。目前，比亚迪新能源车的足迹已经覆盖全球六大洲的70多个国家和地区。

看完这两条消息，大家一定会产生一个疑问：比亚迪红红火火，为啥在日本努力奋斗了一年，才卖出1 446辆呢？

我们先来看看电动汽车滞后国的日本，在2023年卖出了多少辆纯电汽车（EV）。

根据日本汽车工业会于2024年1月11日发表的统计数据，

2023年，日本的纯电汽车的国内市场销售量为88 535辆，比2023年增加了50%，在整体汽车销售量中，占比为2.22%，比2022年增加了0.5%。纯电汽车销售量最大的是日产汽车公司的"SAKURA"，占整体的40%。

需要说明的是，中国将混合动力车也纳入"新能源车"的范畴，而日本将混合动力车依然归属于"燃油汽车"的范畴。

同时，因为日本早在20世纪90年代，就已经推出了纯电汽车。所以，日本认为，纯电汽车是"旧能源车"，而不是新能源车。因此，现在流行的纯电汽车，日本单独统计为"EV"车。

日本汽车进口协会（JAIA）于1月11日发表的统计数据称，2023年，日本共进口EV汽车22 890辆，比2022年增加了59%。其中最多的是特斯拉6 752辆，比亚迪为1 551辆。

那么，日本人是如何看待比亚迪的呢？

在2023年11月举行的日本移动出行展（东京车展）上，我采访了三位日本人。

第一位是中年男性，他的回答是：比亚迪的车非常漂亮，各种元素的组合也非常好。其实我曾经乘坐过比亚迪的车，感觉非常好，加速的话，车也非常安定。跟燃油车没啥区别，总体感觉是非常好。车体样式很好，有一种豪华感。有可能的话，很想好好开一开。

第二位是年轻女孩，她的回答是：乘坐的感觉很好，座位很柔软，很不错的车。至于买不买，要看价格，还要看配置和性能，但确实车子造型很漂亮。

第三位是一位中年女性，她的回答是：感觉这家公司很厉害，所以过来看看。大家对车都有各种各样的喜好，至于中国产的车会不会买，我们还是先买日本国产的车。

日本汽车行业人士的分析认为，比亚迪也好，特斯拉也好，在日本市场销售不畅的主要原因，有这么几个：

1. 日本是一个"乡下人买车，城里人不买车"的国家，比亚迪和特斯拉等 SUV 型车，车体宽大，作为一般的交通工具，使用反而不便。

2. 在地方城市，尤其是农村地区，道路与停车位都很窄，不适合 SUV 型汽车，只适合小型车。

3. 日本的充电桩等设施没有普及，可充电设施太少。

4. EV 的销售价格普遍高于同类的燃油汽车，而且修理费用贵。

5. EV 遭遇冬季雪天，续航里程锐减，很容易半途抛锚，可能危及生命安全。

而日产 EV 之所以受到欢迎，因为它是以小型车为主，而且价格便宜。

虽然比亚迪在日本市场的销售业绩在整个比亚迪的销售榜上可以忽略不计，但是，毕竟是在日本这个"世界汽车王国"里打开了一条门缝，而且已经挤了进去。所以，2023 年，依然可以称为比亚迪在日本市场的"开门红"。

2024 年，比亚迪将在日本投放更多的车型，相信销售量会有较大上升，目标是一年 4000 辆。同时，比亚迪在日本加快了在各地开设专卖店的速度，目标也设定在 100 家以上。过不了几年，比亚迪将作为中国最有代表性的新兴汽车制造企业，在日本这一"汽车王国"打开自己的天地。

4. 中国企业向日本学习稻盛经营哲学

经济下行的压力之下，中国民营企业应该怎么办，出路在哪里？

2024年"五一"前，我来到了浙江省宁波市，访问了当地一家土生土长的民营企业——宁波兴瑞电子科技股份有限公司（以下简称"兴瑞科技"），参观了他们新建成的工厂，看看他们如何迎接挑战。

对于中国民营企业来说，"出海"是一条路，那么，"不出海"是不是就是一条死路？

兴瑞科技的创始人张忠良董事长的回答是："出海"不是为了抛弃国内市场，而是为了更好地开拓海外市场。而"不出海"也不意味着不重视海外市场，每家企业必须根据自己的客户需求与市场定位来规划企业的发展方向，不能随波逐流。

我与张忠良董事长的认识，缘于他学习研究"日本经营之神"稻盛和夫的经营哲学。他与稻盛和夫先生有深入的交往，曾经作为中国企业代表出席日本"盛和塾"的全球大会并发言。如今，在他的办公室里，还保存着稻盛和夫先生亲笔书写的经营分析案例。

几次与张忠良董事长同行，一起漫步在稻盛先生创建的京瓷公司，一起瞻仰稻盛先生的故居，一起回忆与稻盛先生交往的故事，感觉他是真心学，而真心学的动力是想把自己的企业做得更好更长久。

"稻盛和夫先生崇敬中国的文化哲学思想，一个人创办了两家上市企业，两家都成为世界500强。70多岁高龄时，还力挽狂澜，拯救破产的日航公司。没有谁比稻盛和夫的经营哲学更值得我们学习和关注。"张忠良董事长说。

张忠良董事长不仅自己学，而且还带领周边的企业一起学稻盛经营哲学。如今，他还担任宁波"盛友会"的理事长，带领宁波、舟山等地的1 000多家企业会员研读稻盛和夫先生的经营哲学，一起探讨中国民营企业的发展之路。

在4月27日举行的宁波新工厂的落成典礼上，张忠良董事长说，我们兴瑞的每一位家人，一定要扎根于传统圣贤文化和稻盛经营哲学，致力成为全球精密制造领域领先的系统化方案提供商，成为一家充满爱、利他、感恩、真诚、和谐、美好的百年幸福企业。

这是他的梦想，也是他的追求，他希望兴瑞科技能够成为像京瓷一样的优秀企业。

宁波兴瑞电子科技股份有限公司成立于2001年，2018年9月在深圳证券交易所中小企业板上市。这是一家精密零部件制造及研发企业，产品涵盖了电子连接器、结构件、镶嵌注塑件等，以创新研发与先进制造技术为核心，聚焦新能源汽车电装系统、智能终端领域，为行业高端客户提供定制化系统解决方案。公司目前在浙江省宁波市、江苏省苏州市和无锡市、广东省东莞市以及越南、印度尼西亚设有大型制造工厂。通过日本松下电器与宝马、日产、通用等客户开展长期合作。

张忠良董事长说，我们始终为客户服务，客户的需要在哪里，我们的工厂就建在哪里,海内外生产形成一盘棋。

这家新建成的宁波工厂,建筑面积达到14万平方米,总投资6亿元人民币,引进了世界最先进的制造设备和自动化管理系统。

我在新工厂里看到了两个"黑暗车间"。一个是模具加工车间,另一个是半成品储存与配送车间。这两个车间均可实施24小时无人看管的自动化作业,即使在没有灯光照明的环境里,这两个车间都可以实行"暗箱作业",全力打造具备竞争实力的产品线。

在国家加快发展新质生产力的战略引领下,兴瑞科技将依托这块集自动化、智能化、可持续高质量发展于一体的——新能源汽车零部件产业基地,积极开拓新能源新版图。

在新工厂的参观中,我能够强烈感受到兴瑞科技"以家文化打造幸福企业"的追求,以"忠孝仁爱"和"内求、利他"作为公司的"家训"。

办公楼的顶楼建了一个屋顶花园,这个屋顶花园为员工提供交流与休憩的场所。公司在追求全体员工物质与精神两方面幸福的同时,立志为员工、股东、客户、合作伙伴以及社会创造价值。

在经济下行的今天,兴瑞科技没有选择躺平,而是拉开了新一轮发展的序幕。这就是一家中国民营制造企业的追求,以勇气和智慧挑战困难与未来。

5. "海岳夫妇"在和歌山买下了一座温泉酒店

我去了一趟日本的和歌山，和歌山是临近奈良，却面朝太平洋的滨海之地。

和歌山是个县，最出名的是两个地方，一处是中国唐密的传承地——高野山。当年从中国长安留学归国的日本高僧空海，在高野山的山顶建立了一座传宗大寺，随后100多家大小寺院相拥相连，造就了日本一处清净的佛国圣地。若寻中国失传多年的唐密，一定请去高野山，据说空海大师的肉身，千年依然。

和歌山的另一处出名之地，是一座滨海小城，叫白浜。为啥叫白浜？因为连绵不绝的沙滩，洁白细腻。

日本关西地区的人说，白浜是关西人观光旅游的天堂，因为白浜有几个宝：

第一，白浜的温泉非常有名，温泉的历史可以追溯到公元657年，当时的日本天皇多次到这里泡温泉，因此，白浜温泉被誉为"日本三大古汤"之一。

第二，白浜有一条620米长的白沙海滩，这是关西地区屈指可数的美丽海滩，白色的沙子、翠绿的大海、椰子树林立的风景等，是夏日度假玩海的最好去处。每年夏天，白浜町都要在沙滩上举行盛大的烟火大会。

第三，白浜的海水清澈见底，鱼儿在海中游弋清晰可见，钓鱼跟玩似的，拿个网兜出去，就可以解决一大桌子人的晚餐。

尤其是日本名贵水产"伊势龙虾"的产地，龙虾拉面是当地的著名小吃。

　　第四，日本全国人民都想瞄一眼的绝美晚霞——圆月岛晚霞，就在白浜的海边。夕阳西沉时，一轮红日刚好落在岛间，透过岛中间的圆洞，可以看到夕阳沉入大海的瞬间。

　　白浜，一座依山傍海的海滨城市，四季如春，景色优美。博物馆、美术馆多达20多座，世界最有名的私密咖啡馆都跑到了白浜海边，让客人躺在椅子上，喝清咖，看落日，品味人生苦乐。

　　白浜是一座可以发呆的城市，待上半年，也不会寂寞，因为它也是日本智能化城市建设的样板地，市民可以刷脸付账，日后结算。

　　2023年夏日，一对来自中国南京的夫妻来到了白浜，兜了一圈，爱上了这一块土地。于是买下了当地的一家温泉酒店，当起了老板和老板娘。

　　这对夫妻都来自南京大学，老板叫岳晟，学化学的；老板娘叫仲海波，文学与艺术双硕士学位。先生多年经营国际贸易，后来在江苏和浙江经营两家化工厂，与日本企业多有生意合作。为了给孩子找一个不需要深夜做作业的学习环境，把生活重心移到了日本。

　　他们买下的温泉酒店，共有29个日式全榻榻米房间，为了照顾国际客人的特别需求，还有少量西式大床房。酒店前面，是白浜有钱人扎堆的游艇港湾，后面又是一个静如内湖的海湾。打开酒店房间的窗户，就能看到成群的鱼儿在海中游弋。海水太清，清澈见底。

经过几个月的重新装修，2023 年 12 月 9 日，日式高端温泉酒店"海岳"举行了开业仪式。前来捧场的嘉宾很高端，日本众议院议员、日中友好议员联盟会长二阶俊博派了儿子做代表，白浜町町长井涧诚也到场祝贺。我也特地从东京羽田机场坐了 70 分钟的飞机，直接降落在白浜机场。

井涧诚町长把来自中国的这位化学专家捧为座上宾，不要他造农药，而是让他把白浜的旅游业搞"国际化学反应"。

爱好运动的岳晟社长，也早已盯上了附近的熊野古道，那是世界文化遗产的千年登山道，绝对会赢得中国登山爱好者们的喜爱。酒店周围 20 分钟车程有两个大型国际高尔夫球场，春季推出周末高尔夫球套餐。那海水实在太美，就在酒店门口，也有海钓和深潜的套餐。

"白天出去玩，累了回来泡温泉，吃海鲜，夜里还可以端着威士忌看海景"，老板是这么描绘白浜的发呆生活。

但是，老板娘很有文艺范儿，她说："我们的梦想，就是要在太平洋海岸打造一家温馨浪漫的温泉酒店，让《诗经》的余晖温暖每一颗远道而来的游子之心。"

这酒店的名称"海岳"，就是取自夫妻俩的姓名，爱情的高歌，从南京一路唱到白浜。

如果有一天，你想去白浜逛逛，想去看圆月岛的落日余晖，建议你住"海岳"去跟老板老板娘聊聊天，白浜故事或《诗经》余晖。

对了，酒店的厨师长是日本和食大师大田忠道的高徒，老先生曾是皇宫御厨。服务员是清一色的白浜小娘子。

6. 与中国企业家对话：如何应对经济下行

2020年1月，华文出版社出版了我的一本讲演录，书名叫《日本如何转型创新》，书中收录了我在那几年有关日本经济的讲演记录。

这几天，深圳的几位企业家结伴来日本考察，每个人都拿了一本《日本如何转型创新》，嘱我签名。他们说，这本书的自序中有一段话，现在读起来依然富有前瞻性。

我都忘了自己写了什么，他们给我翻出来，这段话是这么写的：

也许因为我们发展得太快，有一些过程被疏忽，有一些文化被过滤，有一些秩序没能建立，有一些困难我们还没经历过，接下来的10年、20年，中国将会进入一个'修补期'，通过对社会与经济、文化的修补，来完善整个国家发展的机制，为实现中华民族的伟大复兴奠定最坚实的基础。而在这个修补过程中，我们需要找到一些可以参考学习的榜样与范例，邻居日本，改革开放比我们早了近100年，社会发展比我们早了几十年，他们的一些经验教训，是值得我们虚心学习的。

他们说，这次到日本，就想寻找修补的答案，因为各自的企业都面临了不少的困难和困惑。

邵华先生是2019年深圳市商业联合会访日团的成员之一，

那一次，我给大家上了一课，讲完后，大家问了一个问题："我们现在应该怎么办？"

我说："假如你手里有两套房子的话，赶紧卖掉一套，今后的日子是现金为王。"

邵华先生听了我的建议，回去就卖了一套房子。

这次，他和太太给我带来一份贵重礼物，说谢谢我的建议，让房子卖了一个好价钱。

邵华先生回忆说，当时我给他们讲课时，还特别提到了万达集团和王健林董事长，说"未来中国最大的'负翁'是王健林先生"，这句话，现在已经应验。

我不是经济学家，也没有学过金融，常常班门弄斧。但是，因为当了 20 多年《中国经济新闻》总编，我有对中日经济信息进行分析、比较和梳理的能力。

2019 年时，中国经济已经进入调控期，同时对房地产产业也开始进行调控。经济调控如果有坚实的底蕴，那么，这种调控对行业的冲击不大。如果底蕴不扎实的话，那么，这种冲击带来的负面因素就会很大。

之所以会得出这么一个结论，是因为日本在 20 世纪 80 年代到 90 年代，已经走过了这么一条从轰轰烈烈到凄凄惨惨的过山车之路。

20 世纪 80 年代，日本出现了"土地神话"，投资家们告诉八佰伴集团的总裁和田一夫先生：您如果买下一块土地建购物中心，那么，土地会升值、建筑物会升值、部分店铺出租还能赚租金，属于"一石三鸟"的投资，一本万利。

那时，日本进入泡沫经济时期，这神话确实如此。但是，1990年，日本泡沫经济崩盘，两年时间里，地价和房价暴跌50%，内需市场也是一片萧条，银行也开始上门催债。于是，八佰伴作为日本当年最大的商业王国，曾经拥有海内外400多家百货公司和超市的企业，不得不走上破产之路。

我翻译过一本和田一夫先生的著作——《不死鸟》，听他讲述八佰伴集团破产的教训。和田先生是一位不屈的企业家，他在晚年还成立公司，告诉人们经营的成败心得。

看到八佰伴的生死之路，我也看到了万达的隐患。因为不是依靠自有资金循序渐进，而是依靠金融杠杆的手段搞大规模的商业地产，一旦经济滑坡，那真的没法救。

日本当年的教训，就是今日中国的镜子。

所以，我一直强调，对日本要少一点批判学，多一点研究学。在过去30多年间，日本政府和企业采取了哪些措施来调整产业结构，培育新的产业，振兴市场经济，其中有哪些成功的经验，有哪些失败的教训。现在他们在干什么，接下来他们准备怎么干？等等。这些都是值得我们细细研究的东西。

这次，深圳的企业家们也问了我一个新问题："接下来我们应该怎么做？"

我在餐巾纸上写了一个字："守"——去除枝叶，守住主干，就是最大的成功。

7. 中国企业在日本投资餐饮业的成功概率

2024年5月,我陪同国内来的企业家代表团在日本和歌山县考察。

和歌山是一座面向太平洋的滨海之地,有山有水有海,更有许多的佛教名胜之地,还有熊野古道这样的世界文化遗产地,还有许多的高尔夫球场,是一个赴日深度旅游考察的好去处。

大家下榻海滨城市白浜,晚上吃了一顿美美的海鲜,也喝了当地的好酒,于是与大家举行了一场交流会。

"高佳庄"是浙江省舟山市的一家海鲜连锁餐厅集团,这个集团的创始人是高金宝先生,年轻时曾是一名驻舟山海军部队的炊事班长。如今,"高佳庄"已经是"舟山海鲜"的代名词,在舟山各地开设了8家餐厅。这次中国餐饮业的访日考察团,高金宝董事长是召集人。

餐饮业是消费市场的末端触感神经,最能体味到市场的细微变化。此次到日本考察的企业家,大多数是浙江和广东餐饮界的领头企业的创始人,他们最关注的一点是:在经济下行的时候,餐饮业该怎么办?

我跟他们聊了日本在1990年泡沫经济崩溃之后,餐饮业所发生的变化和应对的措施。

日本泡沫经济崩溃后,最明显的变化是人们开始捂紧钱包。即使是银行把存款利率降到了负利率的水准,老百姓也不愿意从银行里取出存款去花,因为不知道下个月还有没有工资可领。

这种消费心态的变化直接导致消费的大幅降级。以餐饮业为例，高端高价的日本餐饮，譬如高级料亭、会员制会所的客户大量减少，而中低端的餐饮店生意依然很好，尤其是居酒屋、家庭餐厅等大众消费场所。毕竟民以食为天，不管经济如何下行，饭总是要吃的。吃不起高级料理，大众化餐厅还是能够进的。日本著名的连锁居酒屋"白木屋""笑笑"等，都是在最近30年间日本经济的低迷期中迅速发展起来的。

所以，在经济发展的低迷期，餐饮业能够取胜的秘诀，就是一个词——性价比。

你只要提供价廉物美、服务周到的产品，就一定能够取胜。

"那么，如果在日本开店的话，是不是有成功的可能？"大家问。

我觉得，成功的可能性很大。虽然日本有许多的中餐馆，但是，以东京为例，处于两极分化的状态，要么很高档，每位3万～5万日元（约1 500～2 500元人民币）。要么很低，青椒肉丝、麻婆豆腐等大众菜，每位几千日元。缺的就是中间价位的中国餐馆。如果大家能在东京开出中间价位的中高档餐厅，那生意一定不会差。

大家还问到一个问题："日本人投资餐饮业，回报周期一般是几年？"

我说，日本企业的回报周期相对较长，因为任何的投资都有风险，不可能一赌就赢。制造业的投资回报周期一般是10年，而餐饮业的投资回报周期一般是5～8年。

我问中国的餐饮业的投资回报周期一般是几年，他们回答说："一般是 3 年。"

我说："这就是问题的症结所在"。

如果你把投资回报周期设定得过短，必定会导致两个问题的产生：第一焦虑，闭上眼都在想什么时候能够尽快收回成本，把债还清；第二是盲目追求利润，导致产品与服务的降级。

所以，面对经济下行，企业家需要做的事情，就是两件：

一是降低投资回报期望值，把回报周期从 3 年延长到 6 年甚至更长，你就不会焦虑，头发就不会白得太快。

二是守住阵地。不要盲目扩张，能够坚守住现有的阵地，并确保每一个阵地盈利不亏，就是伟大胜利。

日本百年以上企业有近 4 万家，其中连续经营 300 年以上企业有 605 家，占世界的近 50%。就以最近 100 年的历史来看，经历了第一次、第二次世界大战，也经历了多次的世界金融危机和经济大萧条，经历了泡沫经济崩溃的冲击，经历了西班牙流感和新冠疫情的冲击，也经历了多次毁灭性的地震海啸的袭击，为什么日本还有这么多的企业挺过来、活下去？秘诀就是八个字："安全驾驶，蓄水经营"。

我想这八个字，也可以成为我们中国企业，尤其是民营企业在遭遇经济低迷期时赖以生存和发展的法宝。

8. 日本企业的中国市场依存度到底有多高

日本企业最关注的是中国经济前景与市场，毕竟日本在海外投资的 7 万多家企业，有一半在中国。

日本《金融周刊》汇总了一份日本企业对中国市场依存度的排行榜，发现有的企业的营业额，一半来自中国市场。

这一排行榜是根据日本上市企业 2020 年度总营业额中，各个市场所占比例计算出来的。其中中国市场依存度超过 50% 的企业有两家，一家是日本的 TDK 公司，19 021 亿日元的营业额中，中国市场的营业额达到 10 597 亿日元（约 520 亿元人民币），占比 55.7%；另一家是村田制作所，18 125 亿日元中，中国市场营业额达到 9 938 亿日元（约 488 亿元人民币），占比 54.8%。

这两家都是日本著名的精密电子零部件的制造企业。

另外两家，许多读者也都熟悉，一家是化妆品公司资生堂，2020 年度的总营业额中，中国市场的营业额达到了 3 436 亿日元（约 168 亿元人民币），占比 33.21%，也就是说，三分之一的营业额来自中国市场，其中还不包括中国游客在日本大量购买的份额。

另一家是著名的工业机器人公司发那科（FANUC），是当今世界上机器人数控系统科研、设计、制造、销售实力最强大的企业之一，机器人产品系列多达 240 种。2020 年度，其中国市场的销售额达到 2 280 亿日元（约 112 亿元人民币），占比

31.11%。

　　为什么这些日本企业的中国市场份额有那么大？

　　有两个原因：一是进驻中国的日本企业的需求，二是中国企业的需求。

　　日本企业有一个"臭毛病"，即使你的东西比别人便宜，他们也未必会采购，因为这个"别人"是他们的老搭档，几十年的供货关系，共同研发共同发展，风风雨雨一起走到今天，不会因为你的东西便宜，而轻易抛弃旧爱。

　　所以，35 000家日本企业投资中国，也捆绑了大量的日本供应商前往中国，这也使得日本企业在中国的盘子有多大，中日两国的贸易额就有多高，因为许多的零部件都是在日本制造，出口中国。或者，日本企业在中国制造，返销日本。

　　这就是产业链的效应。

　　另一方面，中国制造企业发展迅猛，尤其是电子产品企业，对于日本高端核心零部件的需求逐年加大，华为在2020年度的日本市场采购额占到中日两国贸易总额的8%。

　　日本企业对于中国市场高依存度，自然让这些日本企业赚到了钱。但是，我们也必须清醒地看到，这些日本企业在中国市场赚到的钱，相当一部分，甚至是大部分，赚的还是在中国的日本企业的钱，除了资生堂和生产婴儿用品的Pigeon（贝亲）公司。

　　所以，如何让日本企业看到中国市场的未来，读懂中国经济前景，继续保持对中国市场的信心，是一个需要综合努力的课题。

作为我们媒体人来说，能够做的就是努力搬砖，而不是拆墙。虽然力量微薄，但是只要一起奋斗，让日本企业的一半鸡蛋继续放在中国的篮子里，对于中国经济的发展和市场的持续繁荣，一定能够产生一个正面的牵引作用。

所以，发展中日关系，也是为了助推中国经济。